ISO BAUMER
DIE MÖNCHE VON TIBHIRINE

Iso Baumer

Die Mönche von Tibhirine

Die algerischen Glaubenszeugen – Hintergründe und Hoffnungen

VERLAG NEUE STADT
MÜNCHEN · ZÜRICH · WIEN

*Der Zisterzienserabtei von Altenryf-Hauterive
(Freiburg-Fribourg) und ihrem früheren Abt,
nun Generalabt der Zisterzienser,
Mauro-Giuseppe Lepori,
für die gewährte herzliche Freundschaft gewidmet.*

2012, 3. Auflage
© Alle Rechte bei: Verlag Neue Stadt GmbH, München
Gestaltung und Satz: Neue-Stadt-Graphik
Druck: Memminger MedienCentrum, Memmingen
ISBN 978-3-87996-911-1

Inhalt

Vorwort 7
Einführung: Lokale Ereignisse – globale Bedeutung 9

Die Ereignisse und die Hintergründe 13
Die Schreckensnachrichten 13
   Verschiedene Hypothesen 16
   Einfach da sein 18
Wie konnte es so weit kommen? 19
   Algerien und Frankreich 19
   Hingabe – hinauf 26
   Die Zisterzienser in Algerien 27
   Nur für ein bisschen 30
   Die „pieds-noirs" 31
   Es ist Zeit 33

Die Opfer 34
Die Mönche von Tibhirine 34
   Der Prior, Christian de Chergé 34
   Testament (von P. Christoph) 42
   Frère Christoph und seine Mitbrüder 43
   Heute bekommen 49
Weitere Priester und Ordensleute 50
   Am Ende 52
   Der Bischof von Oran, Pierre Claverie 53
      Ein besonderer Weg 53 – Der Bischof 56 – Der Dominikaner 59 – Seine Diözese 59 – Ortskirche und Gesamtkirche 62 – Islamisch-christlicher Dialog 64
   Mönche 65

Wege in die Zukunft 66
Wegbereiter 66
   Am Anfang der Kolonialzeit: Charles de Foucauld 66
   Am Ende der Kolonialzeit: Louis Massignon 67
   Ein Fundament oder: Im Chaos des Neuanfangs:
      Léon-Etienne Duval 70
   Bildprogramm ... für die letzte Fastenzeit 73
Vier Weisen, dem Islam zu begegnen 74
   Interreligiöser Dialog 75 – Stellung zum Islam 76

Ein Herz um zu leben 88
Wie weiter? 89
Wie die Flamme 96
Das Auferstehungskreuz von Tibhirine 97

Dokumente 100
Das Testament von Christian de Chergé 100
Briefauszüge von Bruder Luc 104
Das „Testament" von Mohamed Bouschiki 107
Vielfältige Menschheit (von Pierre Claverie) 108
Die Opfer des islamistischen Terrorismus in Algerien 114

Ausgewählte Schriften 116

Stellennachweise 118
Bildnachweis 118

Zum Schluss 119

Hinweis: Die kursiv gesetzten Überschriften verweisen auf Gedichte von Frère Christoph Lebreton.

Vorwort

Das Zusammenleben von Kulturen und Religionen ist ein brandaktuelles, oft heiß diskutiertes Thema in unserer Gesellschaft. Viele spüren die Notwendigkeit des Dialogs. Im Großen wie im Kleinen. In Kirche und Welt, in der Politik wie in den Beziehungen der Religionen zueinander. Dialog hat am ehesten eine Chance zu gelingen, wenn er mit einer echten Begegnung auf allen Ebenen verbunden ist, nicht nur in Konferenzsälen und im Scheinwerferlicht der Massenmedien, sondern im Alltag, in geduldiger Auseinandersetzung, die zu einem Miteinander führen kann.

Wir stellen fest, dass die Religionen in vielen Regionen unserer Welt in ihrem ureigenen Anliegen, den Menschen zu Gott zu führen, an Bedeutung verlieren; zugleich sind sie oft stark vermischt mit Politik und Wirtschaft und dienen dann als Schutzschild für andere Absichten; so sind sie durchaus präsent, allerdings in einer unheilvollen Verquickung.

Was das Schicksal der christlichen Kirchen in unserer Weltgegend künftig vermutlich weithin sein wird, nämlich als unbedeutender Rest in ganz anders gearteter (entchristlichter) Umgebung zu existieren, haben uns Christen anderswo schon lange vorgelebt. Zum Beispiel die 1996 auf bis heute nicht geklärte Weise ermordeten Mönche von Tibhirine und andere algerische Blutzeugen. Der Film *Des hommes et des dieux* (deutsch: „Von Menschen und Göttern") von Xavier Beauvois, der französische Beitrag für die Oscar-Nominierung 2011 („bester fremdsprachiger Film"), der seit Ende 2010 auch in den deutschsprachigen Kinos läuft und bei den 63. Filmfestspielen von Cannes den Großen Preis der Jury erhielt, hat das Zeugnis der Trappistenmönche einem Millionenpublikum nahegebracht. Wie viele andere haben sie sich solidarisch erklärt – nicht nur untereinander zwischen Katholiken, Orthodoxen und Evangelischen, sondern auch mit der überwältigenden Mehrheit der Muslime. Ihr Zeugnis unter und mit Muslimen könnte – trotz der ganz anderen Rahmenbedingungen und bei aller Fremdheit im Einzelnen – wegweisend für uns werden.

In diesem Büchlein sollen die *Geschehnisse* in Algerien und ihre geschichtlichen Hintergründe vorgestellt werden. *Einblicke in den Dialog*, gerade auch mit den Muslimen, und Hinweise auf wichtige Vorbereiter dieses Gesprächs in Algerien wollen den Blick nach vorne lenken. Ein dokumentarischer *Anhang*, der sich aber nicht nur als „angehängt" versteht, soll das Berichtete vertiefen, vor allem mit Texten einiger der aufgeführten Christen und eines Muslim. Die in den Text eingestreuten *Kurzmeditationen* und Gebete, die durch ihre Form und ihren verdichteten Inhalt auffallen, stammen von einem der Mönche von Tibhirine, von Pater Christoph. Sie möchten die Leserinnen und Leser anregen, immer wieder innezuhalten und aufmerksam hinhorchend das Zeugnis zu vernehmen, das uns aus diesen Lebensentschlüssen zugesagt wird.

Gedankt sei an dieser Stelle den Kanisius-Schwestern in Freiburg/Schweiz, die 2001 die erste Fassung dieses Buches in ihrem inzwischen leider aufgelösten Verlag auf die Wege gebracht und sorgfältig betreut haben. Diesmal geht ein ganz herzlicher Dank an den Verlag Neue Stadt, der dem Buch höchste und kompetente Aufmerksamkeit schenkte. Die Widmung an die Zisterzienser in Hauterive ist ein Zeichen der Dankbarkeit für den fruchtbaren Gedankenaustausch, den ich lange Zeit jährlich mehrmals mit der Klostergemeinschaft haben durfte und der zu einer tiefen Freundschaft führte.

Iso Baumer, im November 2010

Einführung:
Lokale Ereignisse – globale Bedeutung

Die politischen Vorgänge in Algerien finden im deutschen Sprachraum verständlicherweise weniger Aufmerksamkeit als in Frankreich: Algerien war von 1830 (Beginn der Kolonisation) bis 1962 (Entlassung in die Unabhängigkeit) zunächst französische Kolonie, zuletzt (fast) gleichberechtigtes Departement. Es gibt aber Ereignisse, die über zufällige geschichtliche Zusammengehörigkeiten hinausweisen, weil sie menschliche Grundanliegen anrühren: Freiheit (politisch, kulturell, religiös) – das Zusammenleben verschiedener Völker, Sprachen, Religionen – den Umgang mit der Vergangenheit, die Planung der Zukunft und die entsprechende Gestaltung der Gegenwart in unserer mitteleuropäischen Gesellschaft. Diese Anliegen können durchaus eine Erhellung von anderswoher erfahren.

In diesem Buch wird das Schicksal von mehreren Menschen, die zwischen 1994 und 1996 um ihres Glaubens und ihrer Herkunft willen in Algerien ermordet wurden, exemplarisch dargestellt. Ausführlich werden wir auf die sieben Trappistenmönche von Tibhirine eingehen. Die Umstände brachten es mit sich, dass ihr Schicksal wie kaum ein anderes umfangreich dokumentiert ist. Daran lässt sich das Besondere ablesen, das aber ins Allgemeine gestellt zu werden verdient. *Tua res agitur*, sagten die alten Römer: Hier wird auch deine ganz persönliche Angelegenheit verhandelt! Jede(r) von uns ist eingeladen, sich die grundlegenden Fragen zu stellen, auf die die Mönche ihre in vielen Jahren sorgfältig erarbeitete Antwort gaben. Zudem soll des Bischofs von Oran gedacht werden, der zwei Monate nach den Mönchen zusammen mit seinem muslimischen Helfer durch einen Bombenanschlag ermordet wurde. Und schließlich sollen die übrigen elf getöteten

Ordensleute, Männer und Frauen, erwähnt werden, die sich gleichfalls dieselben Fragen stellten: Wozu in Algerien bleiben? Wie sollen wir uns angesichts des Terrors verhalten? Letztlich: Wozu sollen wir als Christen in scheinbar verzweifelter Lage ausharren? Unermüdlich haben sie um eine adäquate Antwort gerungen.

Gewiss, unter den etwa 150 000 Opfern des sogenannten islamistischen Terrors in Algerien sind die ermordeten Fremden in der Minderzahl. Auch Einheimische sind manchmal blind (oder nach nicht feststellbarem Plan) hingemetzelt worden, manchmal auch ganz gezielt. Und was erst in jüngerer Zeit öffentlich ruchbar wurde, soll auch nicht verschwiegen werden: Die frühere Kolonialmacht hatte in den letzten Jahren ihrer Herrschaft eine ähnliche Anzahl Einheimischer – nicht nur im Krieg! – umgebracht und kaltblütig die Folter angewendet. Und was zusätzlich die Lage erschwert: Die späteren Regierungen scheinen in ihren Methoden der Terrorbekämpfung auch nicht zimperlich vorzugehen.

Es kann im Folgenden nicht darum gehen, Recht und Unrecht, Schuld und Sühne, Verbrechen und Strafe, Islam gegen Christentum (oder gegen europäische Glaubenslosigkeit?) aufzurechnen. Viel eher treibt uns die Frage um, ob hinter all dem Sinnlosen ein verborgener Sinn auszumachen sei. Die sieben Trappisten (Zisterzienser strenger Richtung) haben eine von mehreren möglichen Antworten gegeben und sie 1996 mit dem Leben bezahlt. Eine solche Antwort sollte einiges Gewicht haben. Pierre Claverie (1938–1996) gab von seiner Stellung als verantwortlicher Bischof her eine ergänzende Antwort auf die Probleme.

Der Dialog mit dem Islam kann nicht ausgeblendet werden. Für viele Mitchristen in anderen Ländern gehört er zum Alltag, und auch für uns wird er immer dringlicher. Der Verfasser ist nicht im engeren Sinne Spezialist für den Islam und spricht nicht Arabisch. Aber er ist in seiner Forschungs- und Lehrtätigkeit im

Bereich der Ostkirchenkunde immer wieder auf den Islam gestoßen, der weite Gebiete abdeckt, in denen alteingesessene Ostkirchen ein mehr oder weniger freies oder unterdrücktes Dasein fristen (Ägypten, Syrien, Libanon, Israel, Iran, Irak, Türkei). Er hat sich eingehend mit der Stellung der Christen im Islam (in Lehre und Praxis) befasst und manche der erwähnten Länder, wenn auch nur kurz, besucht. Seit langem ist ihm Charles de Foucauld (1858–1916) bekannt, der seine letzte Lebenszeit im algerischen Hoggar (Sahara) verbrachte. Er hat sich in Leben und Werk von Louis Massignon (1883–1962), dem weltberühmten französischen Islamologen und Arabisten, vertieft, der sich mit Feuereifer in das Für und Wider des französischen (Des-)Engagements in Algerien einließ. Zuletzt hat er anhand einer völlig vergessenen Schrift („Europa und die Türken", ursprünglich: „Die Christenheit und die Türken", 1858) des späteren Kardinals John Henry Newman (1801–1890) den Wandel der Einstellungen Europas zum Islam studiert. In Vorträgen und Artikeln hat er sich bemüht, Klarheit über das komplizierte Verhältnis zwischen dem Islam und dem Christentum zu gewinnen und zu vermitteln.

Täuschen wir uns nicht: Die weltweite Auseinandersetzung mit dem Islam, dessen Anhänger heute schon ein Sechstel der Weltbevölkerung ausmachen, in einem breiten Gürtel von Nordafrika über Zentral- bis Südostasien, wird das noch junge Jahrhundert prägen. In Deutschland, Österreich und der Schweiz leben Hunderttausende Muslime, meist aus der Türkei und den Balkanländern, und sie fordern ihre von der Kultur und der Religion her begründeten Rechte, im Schulunterricht, in den Versammlungs- und Gebetsräumen (Moscheen). Frankreich hatte seit der Kolonialzeit Zuzug von Muslimen aus Algerien, überhaupt aus dem Maghreb (Nordafrika), und erst recht nach den schwierigen Zeiten von 1947 an. Die Hälfte der algerischen Muslime in Frankreich sind Berber, aus jener sprachlich-kulturellen

Minderheit, die knapp ein Viertel der Bevölkerung Algeriens ausmacht und durch die Staatsideologie stark benachteiligt ist.

Aber es geht um mehr: Wie soll das Zeugnis der Christen überhaupt sein, inmitten glaubensloser oder glaubensfremder Mitmenschen, in einer multikulturellen, multireligiösen, multinationalen Gesellschaft? Welche Botschaft haben wir einzubringen? Wenn wir uns in dem vorliegenden Buch mit christlichen Glaubenszeugen beschäftigen, so geht es nicht um Hagiographie (also eine Art vorzeitiger Heiligsprechung). Die Mönche von Tibhirine und die anderen algerischen Glaubenszeugen werden vielmehr zu einer Anfrage an uns und unser Selbstverständnis als europäische Christen.

In den Büchern über die heutige algerische Kirche findet sich sehr häufig der französische Ausdruck *jusqu'au bout*: bis zum Äußersten, bis an die Grenze, bis ans Ende. Es ging den Beteiligten nie um einen vorläufigen, widerrufbaren Einsatz, sondern um das Ausharren bis zum Ende, weil nur so eine bleibende Gegenwart des Christlichen, oder – persönlicher formuliert – eine Gegenwart von Christus ermöglicht wird, wenn es denn in der Absicht Gottes liegt. So spricht dieses Buch auch vom Segen, der auf der Treue liegt. Ein Erfolg ist allerdings nicht immer in greifbarer Nähe. Erfolg ist überhaupt kein Begriff des Christentums. Dass hinter allem Dunkel aber doch ein Licht aufscheinen wird, dass nach jedem Karfreitag Ostern, nach jedem Tod Auferstehung sein wird, davon waren die algerischen Christen, die hier vorgestellt werden, fest überzeugt.

Was früher das Schicksal der Christen in Algerien war, ist heute das Los der Christen im Nahen Osten, besonders im Irak, in Ägypten, aber auch im indischen Subkontinent und in Südostasien. Verharren oder fliehen ist ihre bange Frage. Und wie reagieren die Westmächte?

Die Ereignisse und die Hintergründe

Die Schreckensnachrichten

In der Nacht vom 26. auf den 27. März 1996, kurz nach Mitternacht, wurden sieben Mönche aus ihrem kleinen Kloster im algerischen Atlasgebirge von Partisanen des GIA (*Groupe islamique armé* = bewaffnete islamische Gruppe) entführt. Die wenigen Zurückgebliebenen, ein paar Mönche und Gäste, die von den Eindringlingen übersehen worden waren, konnten bald die Nachricht weitergeben; sie wurde in der unmittelbaren muslimischen Nachbarschaft und bei den ebenfalls muslimischen Behörden (Regierungsvertretern und Polizei) verbreitet und gelangte über die Hauptstadt, den Erzbischof von Algier und durch die Medien rasch in alle Welt und löste tiefe Betroffenheit aus. Dabei war die Sache an sich nicht überraschend. Seit 1993 diese bewaffnete Zweiggruppe des FIS (*Front islamique du salut* = Islamische Heilsfront) erklärt hatte, alle Fremden, die das Land nicht binnen Monatsfrist verließen, hätten ihr Leben verwirkt, wurden die Drohungen fortlaufend wahrgemacht. Im ganzen Land wurden neben den vielen Einheimischen auch Fremde ermordet, unter ihnen christliche Laien, aber auch einige im kirchlichen Dienst stehende Menschen, und zwar unter dem ausdrücklichen Hinweis auf ihre Religion und Religionsausübung.

Der Entführung von 1996 war schon am 24. Dezember 1993 eine handgreifliche Warnung vorausgegangen. Eine Gruppe der gefürchteten Freischärler drang ins Kloster ein und verlangte den Oberen zu sehen. Dem Prior, Christian de Chergé, gelang es, den Anführer zu überzeugen, dass er in seinem Kloster, das ein

„Haus des Friedens" sei, keine Waffen dulden könne; sie müssten also entweder die Waffen ablegen oder draußen vor dem Tor verhandeln. Sie akzeptierten dies und zogen sich vor das Tor zurück, wo dem Prior Bedingungen diktiert wurden, die er alle ablehnte. Da wurde ihm beschieden: „Sie haben keine Wahl!", er aber widersprach: „Doch, wir haben die Wahl!" Und dann gab er dem Anführer zu bedenken, dass dies für die Christen der Heilige Abend sei, an dem Jesus Christus geboren ist, der „Friedensfürst", und dass sich daher der Überfall nicht gezieme. Daraufhin entschuldigte sich der Chef.

Man muss sich die Situation vorstellen: Der Prior hat vor sich den Chef, der mit seiner Truppe zwei Wochen zuvor zwölf Kroaten – „Fremdarbeitern" – die Kehle durchgeschnitten hatte, wohl aus Rache für das Unheil, das im Bosnienkrieg den Muslimen angetan wurde. Mit solchen Leuten zu verhandeln, braucht starke Nerven und einen kühlen Kopf. Ein andermal wurden sie von einer anderen Gruppe überfallen; der Prior und ein Gast wurden herausgezerrt, und schließlich erlaubte der Prior ihnen, sein Handy vor dem Haus zu benützen. Der nervöse Gast bat darum, eine Zigarette anzünden zu dürfen. Der Anführer verweigerte es ihm mit Hinweisen auf den Propheten und den Koran. Der Prior, der den Islam besser kannte als viele Muslime, sagte ihm ins Gesicht, es gebe weder im Koran noch in der heiligen Überlieferung den geringsten Hinweis darauf, dass Zigarettenrauchen verboten sei. Dann holte der Gast seine Streichhölzer hervor, strich sie an der Schachtel ab und sagte: „Verboten ist es, den andern zu töten."

Feigheit kann man also den Mönchen und ihren Freunden nicht vorwerfen. Aber seit dem „Besuch" vom Heiligen Abend ist ihnen klar, dass ihnen nur ein Aufschub gewährt ist. Diese Zeit ist zwei Jahre und drei Monate später abgelaufen. Sie werden entführt, die Entführer stellen uneinlösbare Bedingungen, und am 21. Mai fängt man am marokkanischen Radio die Meldung auf, den sieben Mönchen sei die Kehle durchschnitten worden; einige Tage darauf findet man ihre Überreste, das heißt ihre Köpfe; vom Rumpf keine Spur. Im Einverständnis mit den Familienangehörigen werden sie auf dem Friedhof des Klosters Tibhirine beigesetzt, wo ein treuer muslimischer Klosterwächter für die Gräber und das verlassene Kloster sorgt. Der Tod löst in Algerien und Frankreich ein enormes Echo aus. Unzählige Muslime sind erschüttert. Die wenigen Christen in Algerien stehen erneut vor der Frage, ob sie bleiben sollen. Aber eigentlich haben die ermordeten Mönche die Antwort schon gegeben: Man muss bleiben. Christus muss präsent bleiben, nicht missionarisch aufgedrängt, aber in Freiheit bezeugt.

Am späten Abend des 1. August 1996 landete der Bischof von Oran, Pierre Claverie aus dem Dominikanerorden, auf dem Flugplatz Oran; er hatte tagsüber in Algier zu tun gehabt (genauer: der französische Außenminister, der versuchte, mit der algerischen Regierung einen Modus Vivendi zu finden, hatte die algerischen Bischöfe zu einem Gedankenaustausch in sein Gastdomizil gebeten). Ein junger Muslim, Mohamed Buschikhi, der den Christen freundschaftlich verbunden war und eben an diesem Abend als Angestellter des Bistums seine Arbeit antrat, erwartete den Bischof mit seinem Peugeot 205. Sie wurden polizeilich eskortiert und um 22.45 Uhr vor der Haustür der bischöflichen Niederlassung von der Wache verabschiedet. Um 22.48 Uhr zündete der Bischof das Licht in der Eingangshalle an, da ertönte eine Explosion, die beiden Männer waren auf der Stelle tot. Ein ferngezündeter Sprengkörper hinter einer Eisentür hatte das Unheil angerichtet.

Gewiss, mit Bischof Claverie war ein Christ Ziel des Anschlags. Claverie war übrigens in Algier geboren und aufgewachsen (die Familie lebte seit Generationen dort), er beherrschte das Arabische; aber auch der Intellektuelle war gemeint: Monate vor ihm waren ein Künstler, ein Psychiater, ein Journalist, ein Wirtschaftsfachmann, ein Dichter ermordet worden – sie gehörten zur algerischen und muslimischen Elite.

Diesen spektakulären Mordanschlägen waren andere vorausgegangen, immer an Menschen, die nichts anderes wollten, als ihre Kenntnisse der Bevölkerung von Algerien zur Verfügung zu stellen, in einem Land, das mit der Entkolonisierung und mit dem Neuaufbau bis heute nicht zurande kommt: Nähkurse, Bibliotheken, Studienberatung, medizinische Fürsorge, aber auch theologischer Dialog zwischen versöhnungsbereiten Muslimen und Christen sollten diesem Ziele dienen. Viele der ruchlos Ermordeten wohnten seit Jahren oder Jahrzehnten mitten unter der Bevölkerung, einige hatten eine jahrelange Spezialausbildung in Arabisch und Islamkunde hinter sich. Sie waren vom größten Teil der Bevölkerung hoch geschätzt.

Verschiedene Hypothesen

In Frankreich gibt es seit einigen Jahren eine intensiv geführte Debatte um die politischen Hintergründe der Ermordung der Mönche; in diesem Zusammenhang existieren verschiedene mehr oder weniger spekulative Hypothesen.

Ob der GIA (*Groupe Islamique Armé*) tatsächlich, wie es in der offiziellen algerischen Version über die Ermordung der Mönche von Tibhirine heißt, die alleinige Verantwortung trägt, daran sind in den letzten Jahren immer wieder Zweifel geäußert worden. Fest steht wohl nur, dass wir (noch?) nichts Genaues wissen; die Untersuchungen der Vorgänge sind immer noch nicht abgeschlossen. Zweifel wurden laut an der Echtheit des Bekennerschreibens der GIA und ihrer Mitteilung vom Tod der Mönche. Auch die erwähnten Details der Ermordung, die Tatsache, dass nur die Köpfe der Getöteten gefunden wurden, dass es offenbar keine Autopsie gab, machen skeptisch, sind aber kein zwingender Beweis, dass die offizielle Version falsch sei.

Nach einer anderen Hypothese steckte der algerische Geheimdienst hinter der Entführung. Einige Indizien könnten in diese Richtung weisen; es gab entsprechende Mutmaßungen (und einen späteren Widerruf) auch in französischen Regierungs- und Geheimdienstkreisen.

Eine dritte Hypothese geht davon aus, dass die algerische Armee beteiligt war. Man habe dafür den führenden Islamisten Djamel Zitouni „rekrutiert". Die Mönche hätten nicht ermordet werden sollen; dazu sei es gekommen, weil sich eine konkurrierende Extremistengruppe ihrer bemächtigt habe.

Nach einer vierten Hypothese schließlich hat es sich um eine Art „Unfall" gehandelt: Bei einem Hubschrauberangriff durch das algerische Militär seien die entführten Mönche versehentlich getötet worden. Dies könnte das Verschwinden der enthaupteten Körper erklären. Man habe die Ermordung den Terroristen in die Schuhe geschoben, und die französische Regierung soll die entsprechenden Informationen verschwiegen haben. Ein Schwachpunkt dieser Hypothese ist, dass sie sich nie hat erhärten lassen.

Die Untersuchungen gehen weiter (für interessierte, des Französischen mächtige Leserinnen und Leser sei auf folgende Website verwiesen: http//fr.wikipedia.org/wiki/Assassinat_des_moines_de_Tibhirine). Für eine tiefere Bewertung der Vorgänge, um die es uns hier geht, ist das Ergebnis dieser Klärungsbemühungen – falls es je eine Klärung gibt! – von untergeordneter Bedeutung.

Im Folgenden werden wir einen Blick auf die vielschichtige, über viele Jahrzehnte gewachsene Situation werfen, die den Geschehnissen zugrunde liegt – die geschichtliche Entwicklung, insbesondere das Verhältnis Algerien–Frankreich, die Präsenz von Ordensleuten und französisch-stämmigen Bewohnern im Land.

EINFACH DA SEIN

Freund
halt den Tisch　　　bereit und schön
und den Blick　　　auf der Schwelle
in wachem Schweigen
einfach um da zu sein

               wenn das Licht
               wieder
               da ist
               und sich selbst zum Mahle einlädt

versuche es sehr gut　　zu empfangen
ohne den Wein　　　　abzumessen
ohne das Brot　　　　 abzuwägen
tu alles, wie es sich ziemt

                  und lasse alles
                  einfach um da zu sein

(Pour être là)

Wie konnte es so weit kommen?

Algerien und Frankreich

Algerien gehört zum Maghreb (arabisch: „Westen"), d. h. zu den islamischen Ländern westlich von Ägypten, also Libyen, Tunesien, Algerien, Marokko und Mauretanien. In vorchristlicher Zeit unter Karthago ein wichtiges Reich, wurde es 146 v. Chr. von den Römern erobert; die Hauptstadt wurde zerstört. Als römische Kolonie kam Karthago wieder zum Blühen, wurde um 439 von den Wandalen, 533 vom oströmischen (byzantinischen) Feldherrn Belisar, 689 dann von den Arabern erobert und endgültig zerstört. Der bedeutendste Christ jener Zeiten war der heilige Augustinus (354–430), der ein Einheimischer war (sein Vater war Römer, die Mutter Berberin). Aber auch vor und nach ihm blühte das Christentum: Am ersten afrikanischen Konzil zwischen 218 und 222 nahmen 70 Bischöfe teil, am Konzil von 265 waren es ihrer 87! Ihre Literatur schrieben sie auf Lateinisch, und so ist geistigerweise eigentlich Nordafrika die Wiege der lateinischen Kirche! Ein libyscher Priester, Victor, war von 189 bis 198 Papst in Rom.

Mit dem Überhandnehmen des Islam verschwand das Christentum zunächst nicht vollständig – letzte Nachrichten stammen aus dem 12. Jahrhundert; einige Zeit später übernahmen die Türken die Herrschaft (seit 1518). 1830 begann die Eroberung durch Frankreich, die erst 1880 abgeschlossen war. Die kolonialistische Herrschaft war unter dem laizistischen Frankreich nicht christlich geprägt, doch waren unter den Soldaten, Händlern, Verwaltern immer wieder Christen, die in ihrer Arbeit auch eine christliche Verpflichtung spürten. 1838 wurde das Bistum Algier gegründet, seit 1866 Erzbistum-Metropolie mit zwei Suffraganbistümern, Oran und Constantine (Hippo). Ein wesentlicher Teil der kulturellen Aufgaben wurde von der Kirche wahrgenommen. Die Bevölkerung war und blieb aber islamisch. Kardinal Lavigerie, seit 1867 Erzbischof von Algier und Gründer der Weißen Väter und Weißen Schwestern, hatte als Losung ausgegeben, während hundert Jahren nur ein indirektes Apostolat durch Unterrichten und Helfen (im Sozial-, Medizin- und Bildungsbereich) auszuüben. Er hatte erkannt, dass man durch direkte Mission bei den Muslimen nur nicht zu lösende Konflikte heraufbeschwören und etwaige Konvertiten einer extrem schwierigen Lage innerhalb ihrer Herkunftsgruppen aussetzen würde.

Das flächenmäßig riesengroße Land (das zweitgrößte Afrikas) ist nur zum kleineren Teil wirtschaftlich nutzbar, einen großen Teil macht die Wüste (Sahara) aus. Den nördlichen Teil durchqueren in west-östlicher Richtung zwei parallele Gebirgsketten, der Tell-Atlas, der steil zum Meer abfällt (mit der höchsten Höhe von 2308 m) und der Sahara-Atlas (2328 m); dazwischen liegt das Hochland der Schotts (abflusslose Salzsümpfe, 400–1000 m hoch gelegen). Das kahle zerklüftete Bergland im Süden Ahaggar (Hoggar) mitten in der Sahara steigt bis auf 3000 m Höhe an.

Die Algerier waren seit der Eroberung bis zum Jahre 1947 Untertanen Frankreichs; sie hatten keinen Militärdienst zu leisten, keiner obligatorischen Schulpflicht nachzukommen, kein Stimmrecht. Die Bevölkerung bestand nicht nur aus Arabern, sondern auch zu rund 20 % aus Berbern, einem früher schon dort angesiedelten Stamm mit eigener Sprache und eigenem Stammesbewusstsein; sie konnten aber nicht politisch wirksam werden, da sie sehr zerstreut lebten und verschiedene Dialekte sprechen. Am bekanntesten sind die Kabylen und die Tuareg, unter denen Charles de Foucauld wirkte. Die berberische(n) Sprache(n) werden einem sog. „afroasiatischen Sprachstamm" zugeordnet. Einer der ermordeten Priester, der Weiße Vater Charles Decker, sprach fließend Berberisch, was ihm unter dieser bedrängten Minderheit hohe Wertschätzung einbrachte. Die beiden Generalvikare unter Erzbischof Tessier waren übrigens gebürtige Kabylen (Mgr. Jean-Bélaïd Oued Aoudia und Mgr. Julien Oumedjkane).

Nach dem Zweiten Weltkrieg gerieten die Kolonialreiche allesamt in eine Krise; reihenweise mussten die Kolonien in die Unabhängigkeit entlassen werden. Man hatte gewiss etwas gebracht, was man für „europäische Zivilisation" hielt, einige technische Errungenschaften, eine aufgezwungene Verwaltung, die Grundversorgung, aber das alles war teuer erkauft durch die Zerstörung der angestammten Zivilisation mit ihrer sozialen Struktur, ihren Traditionen, Liedern usw. Im Hoggar sammelte Charles de Foucauld zu Beginn des Jahrhunderts noch den Sprach- und (mündlichen) Literaturschatz der Tuareg. Leider hatten es die Franzosen wie alle Kolonialmächte versäumt, eine intellektuelle und technische Elite heranzubilden, sodass der Übergang in die unausweichliche Unabhängigkeit in der Regel größte wirtschaftliche, soziale und politische Wirren zur Folge hatte.

1947 wurde im Algerienstatut allen Algeriern die französische Staatsbürgerschaft zuerkannt, doch dies konnte die Spannungen nicht lösen. Die Unabhängigkeitsbestrebungen mündeten in äußerst verlustreiche Kriege. Seit 1954/55 leistete die algerische Befreiungsfront (*Front de libération national* = FLN) heftigen Widerstand gegen die Franzosen. Sie setzte sich durch, 1962 wurde Algerien unabhängig – aber um welchen Preis! Zahllose Menschen waren vertrieben worden, ca. 300 000 Algerier oder mehr waren gefallen, viele Tausende, die auf der französischen Seite gekämpft hatten, wurden umgebracht oder zur Emigration gezwungen. Auf französischer Seite gab es etwa 20 000 Tote. Trotz Garantien zog es der weitaus größte Teil der Siedler vor, in Frankreich Zuflucht zu suchen. Welche Folgen das für die europäische Präsenz im Lande hatte, zeigen die folgenden Tabellen:

Die Ereignisse und die Hintergründe

ALGERIEN:
Fläche 2 381 741 km² (zum Vergleich: Frankreich: 550 000;
Deutschland: 350 000;
Österreich: 83 000; Schweiz: 41 000).

Bevölkerung
1957   9,3 Millionen,   davon 930 000 Katholiken
1964   12,3 Millionen, davon   75 000 Katholiken
1988   23,8 Millionen, davon   43 000 Katholiken
1998   30,1 Millionen, davon   2 600 Katholiken.

Mit „Katholiken" sind einfach mehrheitlich Franzosen gemeint. Über ihre Kirchenpraxis ist damit nichts ausgesagt. Die Bevölkerung hat sich also in vierzig Jahren verdreifacht. Weder das Bildungswesen noch die Berufswelt waren imstande, die nachrückende Jugend aufzunehmen und sinnvoll zu lenken. Unter solchen Umständen finden verlockende Versprechen von fanatischen pseudo-religiösen Führern eine leichte Gefolgschaft.

Die zwei großen Aufbrüche – man kann auch sagen: Fluchtbewegungen – von Europäern fanden 1962 nach der Unabhängigkeitserklärung statt und dann nach 1988, vor allem 1993, nach der Kriegserklärung an alle Fremden, aber auch an die einheimischen Intellektuellen und „Demokraten" durch die terroristischen Splittergruppen des FIS (*Front Islamique de Salut* = Islamische Heilsfront), vor allem der GIA (*Groupe islamique armé* = Bewaffnete islamische Gruppe). Ihr Ziel ist die Durchsetzung des islamischen Gesetzes, der Scharia.

Bis 1988 war Algerien sozial und wirtschaftlich relativ stabil, doch das enorme Bevölkerungswachstum, die Erschwerung der Auswanderung, die Vernachlässigung der kleinen Industrie, die schwerfällige, nach sowjetischem Muster errichtete Bürokratie führten zu einer explosiven Situation; in Volksabstimmungen fiel den Islamisten der größte Anteil der Stimmen zu. Man hat schon gesagt, dass eigentlich das Volk in seiner Mehrheit gar nicht die

Islamisten an die Macht bringen, sondern das bisherige Regime weg haben wollte. Die frühere Formel „arabisch, islamisch, sozialistisch" hatte sich nicht bewährt, an ihre Stelle traten fundamentalistische und terroristische Varianten. Immerhin lebten zur Zeit der Unabhängigkeit auch 150 000 Juden in Algerien, die 20 % Berber wurden schon erwähnt, und wenn nach 1962 auch fast eine Million Europäer, meist Katholiken, auswanderten, blieben doch zunächst noch 75 000 zurück.

Es kann hier nicht die ganze Geschichte Algeriens vor und nach 1962 nacherzählt werden. Der Unabhängigkeitskrieg hat tiefe Wunden geschlagen; er wurde auf beiden Seiten mit größter Grausamkeit geführt und war z. T. auch ein Bürgerkrieg. Trotzdem wird man es nie rechtfertigen können, dass die Franzosen gegen die Algerier (immerhin ihre eigenen Landsleute!) mit Folter und Erschießungen vorgingen, auch außerhalb des Kampfgeschehens. Schon vor etlichen Jahren wurden in Frankreich Forderungen laut, sich öffentlich zu diesen Abirrungen zu bekennen. General Jacques Massu, der ein Hauptanstifter des algerischen Militärputsches 1958 war und dann weiterhin in die Auseinandersetzungen verwickelt blieb, hat seinen Anteil an der Schuld bekannt und eine Reinigung des historischen Gedächtnisses gefordert. Als erste hatte allerdings schon ab 1955 die Kirche begonnen, die groben Missbräuche beim Namen zu nennen und anzuprangern.

In den äußerst schwierigen Verhältnissen, in denen sich die Kirche in Algerien und das Land als Ganzes Mitte der Neunziger Jahre befanden, versuchte die römische Gemeinschaft von Sant' Egidio ihre bewährte Mittlerrolle zu übernehmen, um verfeindete Gruppen miteinander ins Gespräch zu bringen. Leider versäumte sie es offenbar, sich darüber mit dem algerischen Episkopat oder anderen kompetenten Leuten zu beratschlagen. Sie brachten wohl die ärgsten Fundamentalisten an einen Tisch mit andern Partnern, und es wurden einige vage und vieldeutig interpretierbare Phrasen gedrechselt, aber das war in den Augen vieler Algerier und nach kirchlicher Einschätzung eine internationale Aufwertung dieser verbrecherischen Cliquen – mit höchst negativem Nebeneffekt. Die Bischöfe und die Mönche von Tibhirine waren unglücklich über diese Initiative, die ihnen das Leben nicht leichter machte.

Zum Verständnis der Geschichte um die sieben Trappistenmönche von Tibhirine und den Bischof von Oran ist zu bedenken, dass einige von ihnen schon vor ihrem Klostereintritt bzw. Amtsantritt kürzere oder längere Bekanntschaft mit Algerien gemacht hatten, und zwar noch vor und während der Befreiungskämpfe. Bischof Claverie lebte von Geburt an in Algerien. Einige standen damals auf der Seite der französischen Armee gegen die algerischen Unabhängigkeitskämpfer und waren zerrissen zwischen der Loyalität zur eigenen Heimat und der Einsicht, dass dem Land die Freiheit gebührte. Sie wussten, dass der Krieg nicht mit diesen Mitteln hätte geführt werden dürfen, und sie wollten ihre Erfahrung den Mitbrüdern, die die Angelegenheit aus der Ferne beurteilt hatten, weitergeben. Es war für sie eine Art Wiedergutmachung, nun nicht mehr als Herren nach Algerien zurückzukehren, sondern als Gäste, die demütig um Gastrecht baten und bereit waren, sich den Gastregeln des Landes anzupassen – nur unter der einen Bedingung, in Stille ihr Leben des Gebets und der Arbeit führen zu können und mit ihren engsten Nachbarn oder auch mit weiteren interessierten Kreisen in ein Gespräch zu kommen. Dabei hegten sie keine anderen Absichten als sich gegenseitig kennen, schätzen und lieben zu lernen. Bischof Pierre Claverie nahm nur in Anspruch, in Freiheit seine Christen betreuen zu können, die bei seinem Amtsantritt im Jahr 1981 immerhin noch in die Tausende gingen.

Die Mönche von Tibhirine sahen im Islam zunächst die Religion der „Ergebung, Hingabe" (das heißt ja „Islam") gegenüber dem *Einen Gott*, dem Allbarmherzigen, dem man sich fünfmal am

Tag im Gebet zuwendet, für den man einmal im Jahr einen Monat lang fastet (= Ramadan), dessen Willen man zu erkennen und zu erfüllen trachtet. Sie wollten „Betende unter Betenden" sein. Sie waren nicht blind gegenüber der vielgestaltigen Realität des Islam und seinen Verkehrungen, zu denen auch eine fanatische und intolerante Richtung wie der sogenannte Islamismus gehört, der seit einigen Jahrzehnten die Auseinandersetzungen in weiten Teilen der Welt prägt und zu vielen Opfern geführt hat und führt. Die Mönche von Tibhirine verzichteten auf dogmatische und juristisch-politische Debatten und suchten die Begegnung einzig über den von beiden verehrten Gott. Das Einende stand im Vordergrund, das Trennende sollte im Hintergrund bleiben und erst zur Sprache kommen, wenn die Zeit auf beiden Seiten reif dazu war. Auch der Bischof war in keinerlei Weise aggressiv gesonnen; aber er musste sich doch auf dem Terrain mit dem realen Islam einschließlich der radikalen Strömungen auseinandersetzen, ja sich gewissen Aussagen und Haltungen und Handlungen dieser militanten Minderheit frei und offen widersetzen.

HINGABE – HINAUF

        die Nacht steigt
                der Tag senkt sich
      das Feuer richtet mich auf
                der Wind streckt mich hin
der aus den Fugen geratene Leib
fährt im Stundengebet leise weiter
die Hand ergreift die Leiter aus Licht nicht mehr
das Herz so allein gerät in Angst
oben schweigt es

        die Nacht steigt
                ich falle
zu warten fällt mir schwer
        das Feuer brennt mich aus
                der Wind höhlt mich aus
und ich kann nichts machen
        der Tag senkt sich
                und nimmt mich

        Und sieh: der Bräutigam –
        es ist Zeit, die Sonne zu vollbringen.

(Elévation)

Die Zisterzienser in Algerien

Schon 1843, also dreizehn Jahre nach der Eroberung Algeriens durch Frankreich, hatten sich Zisterzienser aus dem französischen Kloster Aiguebelle in dieser Kolonie in Nordafrika niedergelassen: in Staoueli, in der Ebene von Algier. Die Mönche fühlten sich in den großen Prozess der Kolonisierung eingebunden „durch das Schwert, den Pflug und das Kreuz". Sie machten in mühevoller Arbeit die Erde fruchtbar. Zeitweise zählte die Gemeinschaft bis zu 100 Mitglieder! Charles de Foucauld, selbst Trappistenmönch, verbrachte dort 1896 einen Monat.

1904 entschloss sich der vierte Abt, das Kloster aufzuheben – aus Angst vor den antiklerikalen Gesetzen, die sich Frankreich drei Jahre zuvor gegeben hatte. Erst 1934 wurde eine Neugründung erwogen. Am 7. März 1938 bezogen vier aus Slowenien geflohene Trappisten und sechs Freiwillige aus Aiguebelle in Tibhirine (berberisch für „Gemüsegarten") ein altes verlassenes Weingut mit 374 Hektar Land. Sie erweiterten das Hauptgebäude um einen Kreuzgang und einen Anbau. 1947 wurde das Kloster zur Abtei erhoben, die Zahl der Mönche stieg bis auf 47. Vor der Unabhängigkeitserklärung von 1962 waren es noch 26 Mönche; dann nahm die Zahl laufend ab, obgleich sie die Wirren der neuen Epoche glimpflich überstanden – zwei Mönche, die seinerzeit entführt wurden, kamen bald wieder frei –, so sehr stand die ganze Bevölkerung samt den Behörden für sie ein!

Die massive Abwanderung der europäischen Besiedler ließ befürchten, dass keine weiteren Mönche mehr rekrutiert werden könnten, und so sollte das Kloster wieder aufgegeben werden. Dem aber widersetzte sich der Erzbischof von Algier, Kardinal Duval, weil ihm eine betende Gruppe von Mönchen inmitten einer Restgemeinde für das Überleben der Kirche unabdingbar zu sein schien. Doch kein französisches Kloster wollte mehr das Patronat über die letzten vier Mönche übernehmen. Dann aber einigten sich der Abt von Aiguebelle und der Erzbischof von Algier darauf, das Kloster wieder zu beleben; je vier Mönche aus zwei verschiedenen Klöstern markierten den Neuanfang; zusammen mit zwei Verbleibenden waren sie nun zehn. Auf Anregung des Erzbischofs schenkten sie 360 Hektar Land dem algerischen Staat, da die restlichen 14 Hektar, davon sechs bebaubare, für den Lebensunterhalt reichten.

Eine Zwischenbemerkung ist vonnöten, um die Bedeutung eines beschaulich-tätigen Klosters in einer religiös fremden (und zunehmend feindlichen) Umgebung für die Kirche vor Ort verständlich zu machen.

Die Trappisten sind „Zisterzienser der strengeren Observanz" (d. h. strengerer Beobachtung der Ordensregel), 1664 aus dem vom Zisterzienserabt Armand-Jean Le Bouthillier de Rancé reformierten Zisterzienserkloster *La Trappe* hervorgegangen. 1892 lösten sie sich aus dem Verbund der Zisterzienserklöster (ein Vorgang, der erst im Jahr 2000 wieder rückgängig gemacht wurde, als sich alle Zweigorden zu einer föderativen Einheit zusammenschlossen).

Die Zisterzienser selbst waren auch schon ein Reformorden, der von Robert von Molesme 1118/19 mit einer Verfassung begründet wurde, die die Benediktinerregel mit stärkerer Askese, Disziplin und Handarbeit ergänzte. Der Name geht auf das Kloster Cîteau zurück, das Robert von Molesme 1098 gegründet hatte. Die Zisterzienser waren v. a. im Mittelalter kulturell tonangebend. Ihr berühmtester und prägender Heiliger ist Bernhard von Clairvaux (1091–1153), Mystiker, politischer Berater, wortgewaltiger Kreuzzugsprediger. Das benediktinische *Ora et labora* („Bete und arbeite!") ist bei den Zisterziensern und Trappisten ganz ausgeprägt und nicht auf sogenannte (arbeitende) Laienbrüder und (betende) Priestermönche aufgeteilt. Neben oft sehr beanspruchender körperlicher Tätigkeit widmen sie mehrere

Stunden dem gemeinschaftlichen Gebet. Nach Meinung des Erzbischofs von Algier gehörte eine solche betende und zugleich durch die Arbeit mit der unmittelbaren Umgebung, d. h. der einheimischen Bevölkerung, eng verbundenene Zelle zum Organismus einer lebendigen Kirche.

Der Fortbestand des Klosters in Tibhirine aber blieb auch nach der „Auffrischung" durch ein paar Mönche von außen problematisch. Dauernd wechselten neue Obere aus Frankreich einander ab, die von der politisch-wirtschaftlichen Situation des Landes kaum Notiz nahmen. Das Hin- und Herpendeln zwischen Rückzug und zaghafter Öffnung bedeutete für die wenigen Mönche ein dauerndes Wechselbad. Das änderte sich erst, als 1971 mit Christian de Chergé ein Mönch eintrat, der ein ganz klares Ziel für sich – und dann bald auch für die ganze Gemeinschaft – hatte: aufmerksam auf die muslimische Umgebung hinzuhorchen und mit ihr in eine innere Beziehung zu treten. Seine geistige Überlegenheit, seine weitsichtigen Ziele, sein entschlossener Einsatz zugunsten einer besseren Verständigung zwischen Christen und Muslimen, aber auch seine tiefe, stille Frömmigkeit ließen ihn mehr und mehr als Führungspersönlichkeit erscheinen, die jedoch nicht von allen gleich geschätzt wurde. 1984 schlug er vor, dass Tibhirine ein autonomes Priorat werde (für eine Abtei hatte es zu wenige Mitglieder), damit nicht alle drei Jahre der Vorgesetzte von Frankreich aus neu bestimmt oder bestätigt werden musste. Kurz darauf wurde er selbst, allerdings erst im dritten Anlauf, unter den sechs anwesenden (von insgesamt neun) Stimmberechtigten zum Prior gewählt.

NUR FÜR EIN BISSCHEN

Nur für ein bisschen Zärtlichkeit von deiner Hand
nur für ein bisschen Licht von deinem Blick
nur für ein kleines Lächeln der Verzeihung
nur für einen zarten Kuss der Ewigkeit
   hab ich alles verlassen
   und ich gehe fort
      und da bin ich
         nur ein bisschen Atemhauch der Hoffnung
         nur ein kleiner Seufzer des Glücks
         nur ein Sehnen nach Freiheit
         nur
         ein zarter Kuss der Ewigkeit

         für dich

         für die ganze Welt

(Pour rien)

Die „pieds-noirs"

Im Nahen Osten ist der Ausdruck „Hämorrhagie" (Blutverlust) gebräuchlich für den bedrohlichen Wegzug der Christen aus islamischen Ländern (Syrien, Irak, Iran, Ägypten), aus dem konfessionell gemischten, aber nun überwiegend islamisch gewordenen Libanon und aus dem jüdisch-arabischen Israel. Bei den hier erwähnten Ländern handelt es sich um einheimische Christen, die dort seit Jahrhunderten siedelten und in Sprache und Kultur vollständig assimiliert waren. In Algerien waren die Christen Nachfahren der ersten Kolonialisten oder später zugewanderte Fachleute und Arbeiter, die den Kolonisationsprozess weiterführten. Der unabhängig gewordene Staat konnte seit 1962 gar nichts anderes tun, als sich in den wirtschaftlich-zivilisatorischen Prozess aller modernen Staaten einzufügen. Die in Algerien lange angesiedelten Europäer wurden *pieds-noirs* (Schwarzfüße) genannt, wegen der schwarzen Kurzstiefel der ersten Besatzer.

Wie wir am Beispiel von Bischof Pierre Claverie sehen werden, hatten sie vollständig an der Kultur der Araber und Berber vorbeigelebt; diese blieb das Studienobjekt einiger weniger Spezialisten und Institutionen. Die ansässigen Fremden lebten in einer „Luftblase" (*bulle*), wir würden sagen: unter einer Glasglocke. Einheimische begegneten ihnen höchstens in dienender Funktion. Sie waren auch kein Thema des kirchlichen Unterrichts. Eine Mission war bekanntlich nicht möglich, und so ließ man die Muslime denn ganz in Ruhe. Der rasante Rückgang der Christen wurde schon erwähnt; die Situation hatte sich bis zum Ende des letzten Jahrhunderts weiter zugespitzt.

Algier hatte 1998 noch 1 100 Katholiken (2000: 1 250), 15 Pfarreien, 19 Weltpriester, einen ständigen Diakon, einen Seminaristen, 23 Ordenspriester, 27 Ordensmänner und 66 Ordensfrauen – bei einer Fläche von ca. 55 000 km^2 und einer Gesamteinwohnerzahl von ca. neun Millionen.

> Constantine hatte 1998 300 (2000: ebenso viele) Katholiken in acht Pfarreien, 14 Weltpriester, neun Ordenspriester, zehn Ordensmänner und 36 Ordensfrauen bei einer Fläche von ca. 110 000 km² und ca. elf Millionen Einwohnern.
> Oran hatte 1998 600 (2000 noch 400) Katholiken in fünf Pfarreien, acht Weltpriester und einen Seminaristen, zwölf Ordenspriester, zwölf Ordensmänner und Ordensfrauen bei einer Fläche von 55 000 km² und über sieben Millionen Einwohnern.
> Laghouat (Sahara) zählte 1998 600 Katholiken in zehn Pfarreien, 18 Ordenspriester, 26 Ordensmänner und 26 Ordensfrauen bei einer Fläche von ca. zwei 2 Millionen km² und einer Gesamteinwohnerzahl von ca. vier Millionen.

Wäre man in Frieden und Freiheit, könnte man angesichts dieser intakten Strukturen und der vergleichsweise großen Zahl von Priestern und Ordensleuten bei geringen Katholikenzahlen von geradezu idyllischen Zuständen sprechen. Unter den gegebenen Umständen ist „urchristlich" eine bessere Bezeichnung: Es handelte sich um ein verstreutes Häufchen Christen in schwieriger, bisweilen feindlicher Umwelt. Ein Bischof ist für ein Riesengebiet und eine Handvoll Gläubige zuständig, die er alle von Angesicht zu Angesicht kennt, weil er sie ständig besucht, bei sich empfängt und mit ihnen in regelmäßigem Kontakt steht – über Briefe und das Diözesanblatt. Reihum feiert er mit ihnen die heilige Messe und stärkt sie im Glauben, in der Hoffnung, in der Liebe – welche konkrete Bedeutung bekommen diese oft so abgegriffenen Wörter in Extemsituationen!

Auch der Einwand, so viele Priester und Ordensleute für so wenige Laien seien angesichts des weltweiten Priester- und Ordensleute-Mangels ein unverhältnismäßiger Aufwand, greift zu kurz. Denn diese Priester und Ordensleute sind ja nicht einfach Teil der kirchlichen „Struktur", sondern selbst eine lebendige Christengemeinschaft in geistlichem Austausch zur gegenseitigen Stärkung und Freude.

Es stand und steht allen frei, sich anderswo eine vielleicht „bessere" Stelle zu suchen; ihr Ausharren in Algerien ist aber nicht ihrer Unbeweglichkeit oder Sturheit zu verdanken, sondern ihrer wohlüberlegten Zustimmung zu einem Ruf, hier präsent zu bleiben. Wenn die politische Situation sich auch nur ein wenig bessern würde, wären sie bereit für die Übernahme sozialer Funktionen auch im Dienst der muslimischen Gemeinschaft.

Wie diese Menschen in den letzten Jahrzehnten ihr Leben zubrachten und wie es oft tragisch endete, zeigen die folgenden Ausführungen.

ES IST ZEIT

| Gehen wir | Vater | | gehen wir und sagen Dank |
| | | | gehen wir zu Christus |

| Gehen wir | Vater | | gehen wir als Kirche |
| | | | gehen wir im Feuer |

gehen wir im Wind   um zu sagen   **ich liebe Dich**

gehen wir für den Frieden, den wahren,   und das Brot, das wirkliche
und für die Freiheit   es ist Zeit   endlich aufzuhören
    mit   dem   Bösen

    durch   einen Kuss von Dir
    der alles
    neu und schön macht
    in der Liebe

Gehen wir, Brüder, als Lobopfer   **zu Gott**

(Il est temps)

DIE OPFER

Die Mönche von Tibhirine

DER PRIOR, CHRISTIAN DE CHERGÉ

Zwei der Trappisten von Tibhirine haben viel Schriftliches hinterlassen: Tagebücher, Briefe, Vorträge, Predigten, Artikel (manches davon ist auch publiziert); es sind dies der Prior, Christian de Chergé, und der jüngste, Bruder Christoph Lebreton. Langsam kommen auch von den anderen Brüdern einige hinterlassene Texte heraus. Aber es wäre falsch, die Bedeutung der Mönche in der Gemeinschaft nach ihrem schriftlichen Nachlass einzustufen. Vor allem ist festzuhalten, dass sich das Kloster von Tibhirine von Anfang an als eine Gemeinschaft verstand, in der alles gemeinsam beraten und beschlossen wurde. Darin hatte jeder seine bestimmte Aufgabe zu erfüllen, zu der dann noch weitere hinzukamen, von Fall zu Fall. Sie waren alle ausgeprägte Individuen, die eine Gemeinschaft voller Spannungen schufen, die sie aber fruchtbar zu gestalten verstanden. Wir werden zuerst die beiden „Bekannteren" skizzieren, die anderen aber nicht vergessen.

Christian de Chergé stammte aus einer adeligen Offiziersfamilie. Seine Eltern heirateten 1934 (sie waren übrigens Cousins, beide mit dem gleichen Namen!). Es folgten rasch mehrere Kinder: 1935, 1937 (Christian), 1938, 1940, 1942. In diesem Jahr wurde der Vater dienstlich nach Algerien versetzt, und er nahm die Familie mit. Sie blieb auch dort, als er ein Jahr darauf am Italienfeldzug teilnehmen musste. Der junge Christian nahm mit Erstaunen wahr, wie sich die Muslime beim Ruf des Muezzin vom Minarett herunter mitten auf dem Fußsteig auf den Boden warfen. Und mit Erstaunen betrachtete er die Menschenmenge, die sich am Freitag in der Moschee versammelte. Seine Mutter erklärte ihm: „Sie beten; man darf sie nicht verspotten. Auch sie beten Gott an." Diese Erfahrung und diese Erklärung wurden bestimmend für sein ganzes Leben.

Ein weiteres Kind wurde der Familie 1945 geboren; kurz darauf konnten sie Algier verlassen und wieder nach Paris zurückkehren, wo das Leben in den Entbehrungen der Nachkriegszeit nicht gerade einfach war. Es kamen noch zwei Kinder, sodass die Familie insgesamt zehn Personen zählte. Christian besuchte das Gymnasium der Maristen, und schon in dieser Zeit fühlte er sich zum Priester berufen. Doch erzählte er den Eltern erst davon, als er 16 Jahre alt war; dann wurde nicht mehr darüber gesprochen. Im Übrigen schien ein außerordentlich harmonisches Familienleben geherrscht zu haben, traditionsbewusst, sicher geordnet, aber nicht einengend. Entscheidend waren auch die Erfahrungen bei den Pfadfindern unter begabten Gruppenleitern.

„Notre Dame de l'Atlas", das Kloster im Atlasgebirge

Der Vater wünschte, dass Christian vor einem Eintritt ins Priesterseminar „weltliche" Studien beginne, um das normale Studentenleben kennenzulernen. Christian hat diese Studien mit einem Lizientiat in Psychologie abgeschlossen.

1956 konnte er ins Seminar eintreten. Der Verfasser dieses Buches hat 1953/54 selbst ein Studienhalbjahr in Paris verbracht und so etwas von dem intensiven katholischen Leben dieser Stadt am eigenen Leib erfahren können. Es war ein gewaltiger Aufbruch des Katholizismus zu verzeichnen, und am Centre Richelieu, einem Studententreffpunkt, der auch für Christian de Chergé wichtig werden sollte, hörte man große Theologen über die Mittagszeit Vorträge halten, zum Beispiel Jean Daniélou SJ; auch die Studenten unter sich – aus vielen Ländern – trugen gelegentlich Ergebnisse ihrer Studien und Erfahrungen vor.

1958 musste Christian de Chergé das Theologiestudium unterbrechen und seinen Militärdienst ableisten. Es war die Zeit des Algerienkrieges, und so kam auch Christian – nachdem er die Offiziersausbildung hinter sich gebracht hatte – im Juli 1959 in dieses Land, das er als Kind über drei Jahre kennengelernt hatte. Eineinhalb Jahre war er dort. Er war sich bewusst, dass die französische Armee, die mithelfen sollte, diese frühere Kolonie und jetziges Departement für Frankreich zu retten, nicht überall korrekt vorging. So sickerte durch, dass es Folterungen gab, gegen die der Erzbischof von Algier, die französischen Bischöfe, sogar ein General offen Protest erhoben. Wie viele seiner Mitseminaristen war sich auch Christian de Chergé der Zwiespältigkeit seines Dienstes bewusst; indem er sich als Offizier zur Verfügung stellte, hoffte er, einen ehrenvollen Dienst absolvieren zu können. Sein Vater setzte unterdessen seine Karriere fort und wurde zuletzt General. Christian wurde zum Glück einem mehr administrativen Dienstzweig zugeteilt mit Aufgaben vor allem sozialer Art für die Bevölkerung, und so kam er nie in die Zwangslage, schießen zu müssen.

Er kam in engeren Kontakt mit einem muslimischen Feldhüter, Vater von zehn Kindern; sie befreundeten sich und redeten miteinander auch über ihren Glauben. Als es zwischen Franzosen und Algeriern zu einem Gefecht kam, stellte sich der Feldhüter schützend vor Christian und versuchte, dem Gegenschlag ein Ende zu machen. Am folgenden Tag fand man den Feldhüter ermordet vor; seine Landsleute hatten ihn für einen Verräter gehalten.

Für Christian war das die zweite fundamentale algerische Erfahrung: Der Muslim war mit seinem Leben für ihn, den Christen, eingetreten. Kurz vorher hatte er noch Christian gebeten, notfalls „für ihn zu beten", und daran die schmerzliche Bemerkung angeknüpft: „Aber die Christen verstehen gar nicht zu beten." Substitution (Eintreten für) und Fürbitte (Beten für) blieben zwei Grundpfeiler in Christians Denken, Leben und Beten.

Er hatte noch viele Gelegenheiten, die Muslime des Landes kennenzulernen, und auch hervorragende französische Feldkapläne. So wurde der Kriegsdienst für seinen Priesterberuf keine Gefahr, sondern eine Stärkung. Er lernte auch Erzbischof Duval kennen, dem er zusammen mit einem Dienstkameraden und dem Generalfeldprediger, François de l'Epinay, die Neujahrsglückwünsche für 1960 überbrachte. Schon dort war die Rede von einem kurz zuvor begangenen Mord an einem Weißen Vater und einem mörderischen Hinterhalt der Franzosen gegen den *Front National de Libération*, die illegale algerische Befreiungsarmee. Fast zwanzig Jahre später wird Christian de Chergé in der Einsiedelei von Charles de Foucauld in Assekrem in der algerischen Sahara in Gedichtform festhalten, wie er den Krieg verabscheut, der zwingen kann, zwischen dem Bruder (dem Mit-Franzosen) und dem Freund (dem Muslim) wählen zu müssen bzw. dabei zu sein, wenn diese sich gegenseitig töten.

1961 kehrte Christian ins Seminar zurück, „in diese wattierte und studienintensive Realität", wie seine Biografin sagt. Er begann Arabisch zu lernen. Zweimal nahm er an islamisch-christlichen Begegnungen im marokkanischen Atlas teil, die von einem Benediktinerkloster organisiert wurden. Mit hohem Interesse verfolgte er das Zweite Vatikanische Konzil (1962–1965).

1964 wurde Christian zum Priester geweiht. Eigentlich spürte er den Ruf zur Armut und zur Kontemplation. Doch der Weihbischof von Paris bat ihn, wenigstens für fünf Jahre der Erzdiözese Paris zur Verfügung zu stehen. Er übertrug ihm zunächst einmal eine schwere Last: Kaplan in der gewaltigen, die ganze Stadt überragenden Kirche *Sacré-Coeur* (zum Heiligen Herzen Jesu) zu werden. Der Gegensatz zwischen Christian und dem Pfarrrektor hätte nicht größer sein können: hier der junge, ideal gesinnte Priester, da der alte vorkonziliäre, autoritäre und triumphalistische Chef. Er hielt durch, freute sich an dem, was ihm zu verwirklichen möglich war, am liebsten mit den Sängerknaben, die er liturgisch schulte. 1969 setzte er seinen Plan um und trat ins Noviziat der Trappisten in Aiguebelle ein. 1971 konnte er zum algerischen Kloster Tibhirine wechseln, das sich seit 1934 zeitweise sehr gut entwickelt hatte und sich trotz des Algerienkriegs hielt. Der Auszug der Franzosen 1962 bedrohte auch das Kloster, dessen Aufhebung schon erwogen wurde. Wie erwähnt, wünschten sowohl der Erzbischof von Algier wie die muslimische Bevölkerung, dass die Mönche blieben.

Anfang 1971 fügte sich Christian ins raue Klosterleben ein, auch und gerade in die häufige Handarbeit. Sein Ziel war aber klar: Er wollte die Spiritualität der Muslime in der Umgebung kennenlernen. Schon im Juli 1971 besuchte er einen Kurs für dialektales Arabisch in Algier und setzte dann das Studium mit Tonbändern zu Hause fort. Christian wollte das ganze Kloster in diese Berufung für den Islam einbeziehen, doch waren die meisten Mönche nicht bereit dazu; sie waren einfach Trappisten und zufällig in Algerien, Christian aber war zuerst in Algerien und würde notfalls aufs Mönchstum verzichten! Der Obere entschied klug: Christian sollte für zwei Jahre nach Rom gehen und dort seine Studien am Päpstlichen Institut für Arabische und Islamische Studien (PISAI = *Pontificio Istituto di Studi Arabi e Islamici*) fortsetzen, das von Weißen Vätern geleitet wurde. Christian konnte dort nicht nur ein umfassendes Studium absolvieren und sich zum Fachmann ausbilden, er konnte auch seine Berufung für Algerien vertiefen, ein Land, in dem mit- und nacheinander die drei großen Religionen Judentum, Christentum und Islam gelebt haben.

1974 kehrte er nach Tibhirine zurück und legte das Gelübde der *stabilitas loci* (Ortsbeständigkeit) auf dieses Kloster ab. Er verfolgte seinen Plan weiter, das Kloster geistig für die Muslime zu öffnen; er fastete im Ramadan und zog vor der Kapelle die Sandalen aus. Solche und andere „Allüren" machten ihn bei den Brüdern nicht unbedingt beliebt, und er musste lernen, seine Berufung sanfter vorzuleben und mitzuteilen. Es ist ihm – mit viel Geduld – gelungen.

1975 hat er eine dritte spirituelle Erfahrung mit dem Islam gemacht. Am 21. September weilte er spät abends allein in der Kapelle; da trat ein Gast des Klosters, ein Muslim, zu ihm hin und bat ihn, für ihn zu beten. Langsam erhoben sich die Stimmen beider, und sie beteten nacheinander und miteinander, und auch die langen Phasen der Stille waren erfüllt vom Gebet.

Anlässlich seiner ewigen Gelübde am 1. Oktober 1976 unterbreitete Christian seinen Mitbrüdern ein Dokument, das man mit Fug und Recht als mystisch inspiriert bezeichnen kann: „Der Sinn eines Rufes". Darin schildert er seine Absicht, sein Leben als Trappist für die Muslime zu leben, und er stellt dar, wie sich dieser Ruf in seinem Leben mehrfach gezeigt hat. Man kann annehmen, dass die Mitbrüder dieses Dokument sehr ernst genommen haben, wenn sie auch immer noch nicht einer Meinung waren über die Richtung, die das Klosterleben einschlagen sollte. Als 1976 ein junger Novize von Tamié, Bruder Christoph, nach

Tibhirine kam, stieg Hoffnung auf – aber dieser fühlte sich noch nicht im Einklang mit diesen Zielen und ging nach einem Jahr wieder. Zehn Jahre später kehrte er zurück und wurde dann einer der sieben Blutzeugen.

Auch bei weiteren Christen, die Christian mit seinen Ideen anstecken wollte, stieß er oft auf Ablehnung. Er lud sie ein, ihr Gebet ähnlich wie das der Muslime zu gestalten. Ja, er wollte sogar solche Formen ins klösterliche Gebet, selbst in die Messe, mit einbeziehen. Da aber verweigerten ihm die Mitmönche die Gefolgschaft und lehnten kategorisch ab: vielleicht ein klares Urteil des „sensus Ecclesiae" (des Sinnes für die Gesamtkirche) angesichts hochfliegender prophetischer Pläne. Christian unterwarf sich. Wir haben schon erwähnt, dass er 1984 nur mit Mühe zum Prior gewählt wurde. Doch die Entwicklung in Algerien und die persönliche Entwicklung der Mönche in brüderlichem Austausch hat allmählich Klarheit über die spezifische Berufung des Klosters Tibhirine gebracht.

Schon 1979 hatten die Bischöfe Nordafrikas ein Hirtenschreiben erlassen, das deutlich Stellung bezog: „Christen im Maghreb – Der Sinn unserer Begegnungen". Darin wurde im Licht des Evangeliums und vom Zweiten Vatikanischen Konzil her die Berufung der Christen in einem muslimischen Land erörtert und klargestellt.

Ein großer Schritt in dieser Richtung war auch eine freie Vereinigung mit dem sprechenden Namen „Das Band des Friedens" (Ribât es-Salâm), welche die Mönche, andere engagierte Christen und Muslime, vor allem der sufistischen Richtung, zu Gespräch und Gebet zusammenbrachte. Die Gruppe war von einem Weißen Vater gegründet worden, doch nahm Christian de Chergé bald eine wichtige Stellung darin ein. Die Ergebnisse der Gespräche waren sehr ermutigend – aber eben weil sich gesprächswillige Menschen zusammengefunden hatten; in einem weiteren politischen Umfeld wird man noch andere, allgemeiner zugäng-

Die Mönche von Tibhirine

liche Wege suchen müssen. Vier monastische Mitglieder der Vereinigung wurden im Laufe von zwei Jahren ermordet: Henri Vergès (1994), Christian Chessel (1994), Sr. Odette (1995) und dann Christian de Chergé (1996).

Auch als Prior musste Christian lernen, sich zu bezähmen; er war einfach zu anspruchsvoll und dachte und entschied oft über die Köpfe hinweg. Viele traten ein, aber auch wieder aus. Zwischen 1984 und 1989 traten dann einige bewährte Mönche aus französischen Klöstern nach Tibhirine über und brachten einen guten Ausgleich. Der Prior wurde milder und brüderlicher. Wenn er auch noch immer treibende Kraft war, so fügte er sich doch mehr und mehr dem Rhythmus der Gemeinschaft ein, was überaus wichtig war, als die Lage bedrohlicher wurde. Die Prüfung, ja die Gefahr schweißte die Klostergemeinschaft zusammen, und alle entscheidenden Entschlüsse wurden fortan in ausführlichem Gespräch und nach tiefem Gebet diskutiert, erwogen und gefasst, sodass man davon ausgehen kann, dass keiner auch nur im Geringsten von außen gezwungen war, trotz akuter Lebensgefahr im Kloster zu verharren. Obwohl niemand weiß, wie sie die 60 Tage der Gefangenschaft zwischen der Entführung und ihrer Ermordung überstanden haben (einzig eine Tonbandkassette mit der Stimme eines jeden, der französischen Botschaft zugeschickt, um vor der Öffentlichkeit zu bezeugen, dass sie alle noch am Leben waren, lässt vermuten, dass sie zusammenbleiben konnten und dann eben auch zusammen starben), kann man annehmen, dass sie für Gott und dieses Land ihr Leben *hingaben*. Es wurde ihnen – um es mit einer Formulierung Christian de Chergés zu sagen – *nicht genommen*.

Es war von tiefer symbolischer Bedeutung, dass Kardinal Duval, der Erzbischof von Algier, an dem Tag starb, als man die ermordeten Mönche fand. So wurde der Trauergottesdienst für alle gemeinsam in der Kathedrale von Algier gefeiert.

TESTAMENT (von Frère Christoph)

Mein Leib gehört der Erde,
aber bitte:
keine Hülle
zwischen ihr und mir.

Mein Herz gehört dem Leben,
aber bitte:
keine Umstände
zwischen ihm und mir.

Meine Hände gehören der Arbeit:
nur einfach
über der Brust gekreuzt.

Und das Gesicht:
es soll ganz nackt sein
um dem Kuss nicht zu wehren

und den Blick
lasst ihn sehen.

       PS. – Danke

(Testament)

FRÈRE CHRISTOPH UND SEINE MITBRÜDER

Der zweite Mönch von Tibhirine, der dank seiner vielen publizierten Texte auch für die Nachwelt fassbar wird, ist Christoph Lebreton, geboren am 11. Oktober 1950. Auch er stammte aus einer großen Familie: 12 Kinder! Zeit seines Lebens blieb er seinen Eltern dankbar für den tiefen Glauben, den sie den Kindern überliefert haben. Er wurde während seines Jurastudiums von der 1968-er Bewegung gestreift und beendete für einige Jahre jegliche religiöse Praxis. In der Begegnung mit dem Emmaus-Hilfswerk von Abbé Pierre wurde er einer Wirklichkeit ansichtig, die er vorher nicht beachtet hatte, und entschloss sich, sein Leben in den Dienst der Mitmenschen zu stellen. Der nächste Schritt war: die Begegnung mit einer Person, nämlich Jesus Christus. Schließlich gab ihm die Begegnung mit Charles de Foucauld größere Klarheit für den Weg, den er einzuschlagen hatte. Wie viele seiner Mitbrüder leistete auch er seinen Militärdienst in Algerien. Damals besuchte er öfter das Kloster Tibhirine. Später sagte er: „Ich begann dieses Kloster zu lieben, das ohne Aufsehen lebte, schlicht und tief wahrhaftig. Da waren Männer, die hartnäckig, demütig und friedlich Zeugnis davon ablegten, dass es sich lohnt, Gott sein Leben in Gemeinschaft darzubringen, um zu ihm zu beten, ihn anzubeten, die Seligpreisungen zu verwirklichen und so zu lernen, bis ans äußerste Ende zu lieben."

Christoph Lebreton trat an Allerheiligen 1974 ins Kloster Tamié ein und legte sechs Jahre später die feierlichen Gelübde ab. Wir haben schon gehört, dass dazwischen ein kurzer Versuch im Atlas-Kloster von Tibhirine lag; 1987 kehrte er, diesmal endgültig, dorthin zurück. 1990 wurde er zum Priester geweiht: Er wurde Novizenmeister und Subprior. Er führte ein Tagebuch, schrieb Gedichte, spielte gern Gitarre und hatte guten Kontakt mit den Nachbarn, die sich im Garten des Klosters und sonstwie hilfreich betätigten. Er war ein Suchender, aber nicht hier und dort, sondern in der Tiefe. Er war nicht frei von Zweifeln, was angesichts der konstant kritischen Situation in Algier allgemein und ihrem Kloster, an der Schnittlinie zwischen den „Brüdern der Berge" (den Extremisten) und den „Brüdern der Ebene" (den Regierungstruppen), nicht erstaunlich ist. Er war ähnlich wie der Prior intellektuell sehr begabt und, ebenfalls wie dieser, stark vom jüdischen Philosophen Emmanuel Lévinas (1906–1995) geprägt. Wenn man allerdings hört, dass Werke dieses Philosophen zeitweise auch Tischlektüre waren, dann muss man annehmen, dass der Prior einen Teil seiner Mönche damit wohl überfordert hat.

Übersetzungen einiger Gedichte von Frère Christoph finden sich an mehreren Stellen in diesem Buch. Diese Gedichte erlauben, sein inneres Gebet nachzuvollziehen. Leider sind sie in der Originalausgabe nicht chronologisch gegliedert, sondern thematisch; wenn man auch dem Herausgeber, einem engen Freund, ein großes Einfühlungsvermögen zutrauen darf, ist doch zu bedauern, dass man so keine Möglichkeit hat, eine eventuelle Entwicklung festzustellen. Dies ist aber anhand der Tagebuchaufzeichnungen aus den letzten Jahren möglich; sie zeigen in aller Deutlichkeit sein persönliches Ringen und das der Mönchsgemeinschaft insgesamt.

Prior Christian hat immer darauf bestanden, dass er nur Glied einer Gemeinschaft ist: Für ihn und für alle andern geht es vor allem um eine gemeinschaftliche Grunderfahrung von Kirche. Ihre Gemeinschaft ist eingefügt in die Kirche von Algerien; sie wussten sich sowohl ihrem Trappistenorden wie der algerischen Kirche verpflichtet. Das war, wie schon erwähnt, nicht von Anfang an so. Beschauliche Klöster wurden häufig in Missionsländern (was oft mit Kolonien identisch war) angesiedelt, doch bestand meist kein tieferer menschlicher Kontakt auf gleicher Ebene zwischen ihnen und der Umgebung. Das wurde durch die Unabhängigkeitserklärung Algeriens 1962 gründlich geändert.

Jetzt mussten sich die verbleibenden Ordensgemeinschaften ernstlich fragen, welchen Sinn ihr Bleiben haben könnte. Es gab nicht mehr Hunderttausende von Katholiken zu betreuen, schon bald auch nicht mehr Zehntausende, zuletzt in den einzelnen Diözesen gerade noch ein paar Dutzend. Nun wurde plötzlich das Zeugnis entscheidend: Man ist nur mehr ein Zeichen der Verfügbarkeit für alle, Muslime wie Christen; und wenn die ersteren unter katastrophalen politischen und wirtschaftlichen Bedingungen zu leiden begannen, ließ man sie nicht im Stich, um seine Haut nach Frankreich hinüberzuretten, obwohl ja auch dort der Mangel an Priestern und Ordensleuten immer spürbarer wurde. So haben alle Mönche von Tibhirine, die an jenem 27. März 1996 entführten und die „zufälligerweise" verschonten und somit Überlebenden, ihren zeichenhaften Beitrag geleistet. Sie seien hier kurz genannt.

Der an Jahren und Mönchsalter älteste war *Luc Dochier*, geboren am 31. Januar 1914, ursprünglich Militärarzt. Er trat Ende 1941 in Aiguebelle ein und ging 1946 nach Tibhirine, wo er an Mariä Himmelfahrt 1949 die Ewigen Gelübde ablegte. Er war bei seiner Entführung und Ermordung 82 Jahre alt, seit 55 Jahren Mönch, seit 50 Jahren im Atlas. Er litt an Asthma und konnte darum nur zu Hause die Kranken versorgen, die zu ihm in die Sprechstunde kamen; gerade deswegen war er in der ganzen Gegend bekannt, weil er der Bevölkerung seine medizinischen Fachkenntnisse angedeihen ließ. Er war ein humorvoller Mensch, von tiefer Weisheit erfüllt – und auch ein guter Koch. In keinem Buch steht es, aber ich weiß aus authentischer Quelle, dass er vielleicht auch mal etwas tief ins Gläschen geschaut hat. In sein Inneres ließ er kaum blicken. Als er achtzig wurde, sagte er zu seinen Brüdern, dass sie bei seinem Sterben, „wenn es nicht gewaltsam sein sollte", das Gleichnis vom verlorenen Sohn lesen und das Jesus-Gebet („Herr Jesus Christus, Sohn Gottes, sei mir armem Sünder gnädig") beten sollten; dann möge man ihm ein Glas Champagner reichen und von einer Schallplatte das Lied von Edith Piaf vorspielen „Je ne regrette rien" („Ich bereue nichts") – wahrhaft ein erheiternder Cocktail von geistlichem und weltlichem Reiseproviant für den Weg ins Jenseits!

Bruno Lemarchand wurde am 1. März 1930 geboren. Er verbrachte seine Jugend in Algerien, wo sein Vater im Militärdienst stand. Er wurde 1956 Weltpriester und dann Oberer eines großen Kollegiums. 1981 trat er ins Trappistenkloster Bellefontaine ein, kam 1989 in den Atlas und legte dort 1990 seine Ewigen Gelübde ab. 1992 wurde er Oberer der Zweigniederlassung in Fes (Marokko), die man gegründet hatte, um im äußersten Notfall zumindest für eine gewisse Zeit dort unterkommen zu können. Wegen der für den 31. März vorgesehenen Neuwahl des Priors befand er sich Ende März in Tibhirine.

Célestin Ringeaud, geboren am 27. März 1933, machte seinen Militärdienst in Algerien. In dieser Zeit versorgte er einmal einen verwundeten Algerier. 15 Jahre später suchte ihn der Sohn dieses Mannes auf, um ihm für die Hilfe am Vater Dank zu sagen! Man begreift, dass solche Erfahrungen einen vertieften Zugang zu den Muslimen ermöglichen. 1960 wurde er Priester. Er widmete sich seelsorgerlich verschiedenen Randgruppen der Gesellschaft. 1983 trat er in Bellefontaine ein und kam 1987 in den Atlas. Er war Organist und Vorsänger, zudem von großer Kommunikationsfähigkeit, darum wohl auch Gastpater. Das Kloster hatte immer wieder Gäste, wobei der Prior darauf achtete, dass nicht einfach Touristen oder andere Weltenbummler bei ihnen abstiegen, sondern nur ernsthaft am geistlichen Leben interessierte Menschen. Der beängstigende Besuch der Extremisten am Heiligen Abend von 1993 setzte Pater Célestin arg zu; eine Herzoperation war notwendig, seine Gesundheit blieb labil.

Paul Favre-Miville wurde am 17. April 1939 geboren und erlernte den Beruf eines Spenglers. 1984 trat er ins Trappistenkloster Tamié ein und ließ sich 1989 nach Tibhirine versetzen. Zwei Jahre später legte er die Ewigen Gelübde ab. Einen Handwerker seines Schlags konnte man in einem Kloster mit Gutsbetrieb natürlich bestens brauchen; man betraute ihn u. a. mit der Bewässerung der Obstplantagen. Er war eine Zeit in Frankreich in Urlaub gewesen und kam am 26. März zurück, ein paar Stunden vor der Entführung! Ein Jahr früher hatte er geschrieben: „Nur einer kennt die Stunde unserer Befreiung in ihm. Bleiben wir verfügbar, damit er in uns wirken kann, durch unser Gebet und unsere liebende Gegenwart bei all unsern Brüdern!"

Michel Fleury, geboren am 21. Mai 1944, verbrachte ungefähr zehn Jahre in Marseille in engem Kontakt mit der maghrebinischen Bevölkerung. 1980 trat er in Bellefontaine ein und kam 1984 in den Atlas; die Ewigen Gelübde legte er am 28. August 1986 ab. Er war ein stiller Zeitgenosse und unermüdlicher Arbeiter. Seine Losung war „Insch'allâh" („Wie Gott will"); an seinem 52. Geburtstag wurde er ermordet. Jemand sagte von ihm, dass er gerade in seiner Stille und Unauffälligkeit, ja fast Schüchternheit, sehr bedeutsam für die Klostergemeinschaft war.

Zwei Patres überlebten, P. Jean Pierre und P. Amédée. Der erste liess sich in Fes in der Zweigniederlassung des Klosters nieder und wurde dann zum Prior von Tibhirine (sozusagen in Abwesenheit) bestimmt. P. Amédée wohnte in Algier und stieg bisweilen ins Kloster hinauf, das von der Dorfbevölkerung instand gehalten wurde. P. Amédée starb 2008. Für eine Wiederbesiedlung durch eine andere Gemeinschaft konnte bisher keine definitive Lösung gefunden werden. Die Hoffnung bleibt. Ein Unbekannter hatte in Paris ins Trauerbuch, das anlässlich der Gedenkfeier für die sieben Mönche aufgelegt war, hineingeschrieben: „Man kann sieben Blumen zertreten, aber man kann den Frühling nicht hindern, wieder aufzublühen."

Man kann sich vorstellen, dass diese so verschiedenen Menschen eine bunte Gemeinschaft bildeten: der Schwatzhafte und der Schweiger, der Künstler und der Handwerker, der Dichter

Die Opfer

und der Visionär, der behutsame Bremser und der kühn Voranstürmende, von verschiedener Entwicklung vor ihrer Klosterzeit und unterschiedlicher Prägung in ihren Ursprungsklöstern. In ihrer Treue zueinander und zum einmal gelobten Lebensstand in seiner spezifischen Ausprägung gerade in Algerien können sie Vorbild für jede kirchliche Gemeinschaft sein.

P. Christoph (Christoph Lebreton)

Bruder Luc (Paul Dochier)

P. Célestin (Célestin Ringeard)

P. Bruno (Christian Lemarchand)

Bruder Paul (Paul Favre-Miville)

Bruder Michel (Michel Fleury)

HEUTE BEKOMMEN

heute
     gerade
          genug Brot
          genug Wein   bekommen
             um   immer glücklich zu leben

Vertrauen bekommen
     genug um geboren zu werden
     und die Kraft um zu wachsen

Licht bekommen
     gerade genug um richtig abzuschätzen
     und in der Wahrheit zu wandern

das Kreuz bekommen für
     die Freude
     und den Atem, um weiterzugehen

meinen Namen bekommen
          und deinen Frieden

     heute habe ich so viel bekommen
     dass ich alles geben kann

    (Gott)   das ist zu viel an Liebe
          wir müssen das miteinander teilen

(Aujourd'hui recevoir)

Weitere Priester und Ordensleute

Insgesamt sind 19 Opfer aus diesen Jahren bekannt. Wenn nur diese hier eingehender erwähnt werden, so sollen die vielen anderen, Christen und Muslime, nicht gering geschätzt werden. So wurden am 14. Dezember 1993 zwölf kroatische Fremdarbeiter ermordet, einmal weil sie das „Gebot" an alle Ausländer, bis zum 1. Dezember das Land zu verlassen, nicht beachtet hatten, und dann, weil sie als Katholiken für das Leid „büßen" sollten, das den Muslimen im Bosnienkrieg angetan wurde. Genau so willkürlich waren alle anderen Attentate. Nur wurden die an Priestern und Ordensleuten begangenen von den Mördern oft ausdrücklich damit „gerechtfertigt", dass sich diese Christen – statt still und verborgen nur ihren Gott anzubeten – unter die Bevölkerung gemischt und so „Propaganda" für ihre Religion gemacht hätten!

Wir wissen, wie absurd diese Anklage war und ist, weil die unter großer Gefahr bleibenden Kirchenleute überhaupt nichts anderes wollten, als den muslimischen Algeriern ihre Solidarität zu bezeugen und solange wie nur möglich jegliche Hilfe zu leisten, vor allem auch in Bereichen, in denen die staatliche Unterstützung versagte. So wurden Krankenschwestern, Sozialarbeiterinnen, ein Bibliothekar und eine Bibliothekarin u. a. an ihrem Arbeitsplatz oder unterwegs zu bzw. von der Kirche ermordet, entweder von vermeintlichen Polizisten oder aus feigem Hinterhalt.

Das ungeheure Echo, das alle diese Attentate auslösten, zeigt, dass die Bevölkerung das „Zeichen" der Christen verstanden hatte. Immer mehr Menschen nahmen an den Trauergottesdiensten und Beerdigungen teil, die Zeitungen schlugen sich auf ihre Seite, Muslime in aller Welt entschuldigten sich für ihre verblendeten angeblichen Glaubensbrüder. Die meisten der Ermordeten hatten eine jahre- oder jahrzehntelange Erfahrung in Algerien, einige waren hochgebildete Spezialisten in Arabistik und Islamistik und gesuchte Gesprächspartner und Referenten im In- und Ausland.

Wie sehr der Tod dieser Menschen auch auf die algerische Bevölkerung gewirkt hat, mag eine einzige Äußerung – die für viele steht – zeigen, die der Journalist Saïd Meqbel nach der Ermordung von Sr. Esther und Sr. Caridad geschrieben hat.

„Seit diesem Sonntag kreist unser Denken unaufhörlich um die Ermordung der zwei spanischen Ordensschwestern. Wie und warum? Wie kann man auf zwei Frauen schießen? Auf zwei Ordensschwestern, zwei Geschöpfe Gottes, die wie üblich am Sonntag in ihre Kapelle gingen, um zu ihrem Schöpfer zu beten? Warum? Wohl um ihnen dafür zu danken, dass sie Jahr um Jahr unsere Leute gepflegt, ein Mitglied unserer Familie geheilt, einen Nachbarn gestärkt haben ... Vielleicht befindet er sich unter den Mördern? Wird man je wissen können, wovon sich dieser wilde mörderische Wahnsinn nährt? ...

Es ist ihnen zu danken: dafür, dass sie gegen alle Ratschläge und Ermahnungen in diesem Land geblieben sind, das wir selber, wir Algerier, fluchtartig verlassen unter dem Druck des Terrors und der schwindelerregenden Verwirrung. Zwei Frauen gingen zu Gott, um Gnade zu erbitten. Sie gingen sicher dorthin, um Gott ihre kleinen Gebete darzubringen für uns unglückselige Algerier, die wir unter dieser Plage leiden. Vielleicht werden sie uns noch lange fehlen, diese letzten Gebete der zwei Ordensschwestern, die die Waage ein wenig zugunsten des Friedens und der Barmherzigkeit senken wollten. In was für eine Welt der Dunkelheit will man uns stürzen, die wir nur von Licht träumen?"

Der Verfasser dieser Zeilen, Saïd Meqbel, wurde kurz darauf selber ermordet!

Die vollständige Liste der Opfer findet sich im Anhang (s. S. 100f). Ein letztes Opfer (das bisher letzte – und möge es so bleiben!) muss aber noch eingehend erwähnt werden.

AM ENDE

ich weiß nicht mehr was ich sagen soll

aber　　　　　am　　　　　　　　ENDE

      dir
      ein gut ausgearbeites　　Ja anbieten

      aufbrechen　　　　　　und

                            hinter mir
                            das Leben lassen

                            ein rechtes Danke-schön
                            gut durchgearbeitet

                            und signiert

(En fin)

Der Bischof von Oran, Pierre Claverie

Ein besonderer Weg

Pierre Claverie, geboren 1938, der am 1. August 1996 spät abends im Eingangsraum seines Bischofshauses – gerade vor der Tür zur Kapelle, wo er am Morgen noch die hl. Messe gefeiert hatte – zusammen mit seinem Gehilfen Mohamed umkam, war Algerier mit Leib und Seele und von Herkunft her. Seine Vorfahren waren seit drei, vier Generationen im Land, natürlich als Franzosen und Kolonisatoren. Sein Vater war leitender Angestellter eines Ölkonzerns. Die Eltern waren Katholiken ohne besonderen Glaubenseifer; doch verstanden sie es, eine harmonische Familie aufzubauen, in der sich Vater, Mutter, Sohn und Tochter wohlfühlten und ein tiefes, nie getrübtes Vertrauen erfahren konnten. Was später Pierre Claverie erstaunte, war die Tatsache, dass er in seiner Jugend die „anderen", das heißt die arabischen und berberischen Algerier, überhaupt nicht „wahrnahm". Natürlich gab es sie, manchmal auch in dienender Funktion in der eigenen Familie, geachtet, aber nicht weiter in ihrer Eigenart und Verschiedenheit wirklich erkannt; man lebte ganz im französischen Milieu und mied die volkreichen algerischen

Bischof Pierre Claverie   *Mohamed Bouschiki*

Stadtviertel. In dieser Zeit teilte der Heranwachsende ganz die traditionelle Auffassung des Verhältnisses zwischen Franzosen und Algeriern: oben die Franzosen, unten die Algerier.

Früh schon regte sich in Pierre der Wunsch, Priester zu werden, doch sein Vater riet ihm, zunächst ein anderes Studium anzufangen, um sich zu bewähren. So studierte er zwei Jahre lang in Frankreich Naturwissenschaften. Er engagierte sich politisch, verteilte Flugblätter vor den Kircheneingängen, war aber sonst ziellos; bei einem längeren Flirt mit einem Mädchen ging er nur „so weit, wie es die normale Moral erlaubt" (so in einem Brief an die Eltern), das heißt, er hielt sich an die strengen Moralvorstellungen der Fünfzigerjahre. Jedenfalls meldete sich die Berufung erneut, und er trat bei den Dominikanern in Saulchoir ein, wo er von 1959 bis 1967 studierte. Er blieb von diesem Orden geprägt: Vorliebe fürs Studium und die Predigt, Leben in Gemeinschaft und ein ausgeprägter Sinn für die Wahrheit.

Das Studium wurde unterbrochen von einem 18-monatigen Militäreinsatz in Algerien (März 1962 bis Oktober 1963). Rasch fand er Zugang zu den Mitsoldaten, wenn er sich auch eindeutig von ihrem zweideutigen Reden und Tun distanzierte. In seiner Dienstzeit engagierte er sich seelsorgerlich für die Soldaten.

In dieser theologischen Ausbildungs- und militärischen Dienstzeit wurde er auf Distanz und dann aus persönlichem Augenschein gewahr, was in Algerien geschah, und er ging der Sache auf den Grund. Er kam zur Überzeugung, dass die Unabhängigkeit Algeriens eine geschichtliche Notwendigkeit sei und dass man sich als Franzose völlig neu den Gegebenheiten stellen musste – nicht mehr als Herr, sondern als Mitarbeiter, sofern man erwünscht ist!

Bei der Selbständigkeitserklärung 1962 verließen die allermeisten Europäer das Land, fast eine Million, mehr als ein Zehntel der Gesamtbevölkerung. Das ergab natürlich katastrophale Startbedingungen für das Land, von denen es sich eigentlich bis heute nicht erholen konnte. Für Pierre Claverie war klar, dass er sein Leben diesem Land weihen wollte. Deshalb hatte er schon in Saulchoir begonnen, Arabisch zu studieren. Zurück in Algier (1967), schrieb er sich zu einem Arabisch-Kurs bei den libanesischen Schwestern ein, um die Sprache und Kultur von Grund auf zu lernen. Diese Schwestern erstaunten die Algerier: An ihnen war abzulesen, dass arabische Kultur und muslimische Religion nicht unbedingt identisch sein müssen, waren doch die Christen im Libanon schon vor der Ausbreitung des Islam dort gewesen. Claverie gelangte zu einer sehr guten Kenntnis und Aussprache des Arabischen; doch konnte er die Spezialstudien, die er zusätzlich an der Universität von Aix-en-Provence begonnen hatte, nicht mehr abschließen. Denn neben dem Studium entfaltete er eine reiche pastorale Tätigkeit im Rundfunk und in Vereinen, eine Zeitlang auch in der Diözese Constantine.

Bald musste er feststellen, dass die Entwicklung des Landes auf eine Radikalisierung hinauslief. Die Identifizierung von algerisch–arabisch–muslimisch musste sich unheilvoll auswirken: Die Berber sind nicht arabisch von Sprache und Kultur, auch Christen sollten, wenn sie schon Jahre und Jahrzehnte im Land leben, algerische Staatsbürger werden dürfen. Die Forcierung der Arabisierung – Schulunterricht gab es noch längst nicht für alle, viele waren Analphabeten – brachte fundamentalistische Lehrer ins Land, die in Syrien, Palästina, Ägypten unerwünscht waren, weil sie die dortige politische Situation destabilisierten.

Am 8. Juli 1976 wurde der Weihbischof von Algier, Gaston Jaquier, vor dem Erzbischöflichen Haus auf offener Straße erschossen. Die Polizei übte einen wachsenden Druck auf alle christlichen Institutionen, Schulen, Bibliotheken usw. aus. Pierre Claverie hatte also mit ständig größeren Schwierigkeiten zu rechnen, was ihn aber nicht abschreckte.

Anfänglich hatte er mit dem Erzbischof, Kardinal (seit 1965) Léon-Etienne Duval, einen eher distanzierten, kühlen Kontakt;

er war ein Priester und Franzose alter Schule, der aber aufrichtig die Selbständigkeit des Landes begrüßt hatte. Später kamen sich die beiden trotz des großen Altersunterschiedes immer näher und wurden echte Freunde. Angesichts des hohen Alters von Kardinal Duval – der Papst hatte das Rücktrittgesuch schon zweimal zurückgewiesen – sah man in Pierre Claverie einen möglichen Nachfolger. Doch wird der Bischof von Oran, Henri Teissier, 1980 nach Algier berufen, zunächst als Weihbischof-Koadjutor mit dem Recht der Nachfolge, dafür rückt in Oran Pierre Claverie nach. Bei der Bischofsweihe sind auch die Eltern von Pierre Claverie dabei, die Algerien lange zuvor verlassen und sich in Nizza niedergelassen hatten. Sie haben beide ein hohes Alter erreicht; der Vater starb wenige Monate vor der Ermordung des Sohnes.

Der Bischof

Bereits in seiner auf Französich und Arabisch gehaltenen Ansprache bei der Bischofsweihe in Algier drückte Pierre Claverie klar aus, was ihm wichtig schien. Noch deutlicher wurde er in der Predigt anlässlich der Installation auf dem Bischofsstuhl von Oran. Hier einige Ausschnitte:

Über den Begriff der „Mission":
„Ja, unsere Kirche ist zur Mission ausgesandt. Ich fürchte es nicht, das zu sagen, und euch zu sagen, dass ich mich freue, mit euch diese Sendung zu teilen. Manche Missverständnisse, die man aus der Geschichte übernommen hat, schweben über der Mission und den Missionaren. So wollen wir denn heute ganz klar sagen,
– dass wir keine Agressoren sind und es nicht sein wollen;
– dass wir keine Soldaten eines neuen Kreuzzugs gegen den Is-

lam sind und es nicht sein wollen, auch nicht gegen den Unglauben oder gegen sonst irgendetwas;
– dass wir keine Agenten eines kulturellen oder wirtschaftlichen Neo-Kolonialismus sein wollen, der die algerische Bevölkerung spalten will, um sie besser beherrschen zu können;
– dass wir keine proselytenmacherischen Evangelisatoren sind und es auch nicht sein wollen, die glauben, Gott zu ehren durch einen unklugen Eifer oder durch die fehlende Ehrfurcht vor dem andern, seiner Kultur, seinem Glauben.

Wir sind Missionare der Liebe Gottes, so wie wir sie in Jesus Christus entdeckt haben, und das wollen wir auch sein. Diese Liebe ist von tiefer Ehrfurcht vor den Menschen erfüllt, drängt sich nicht auf, drängt nichts auf, bedrängt nicht das Gewissen und das Herz der andern. Voll Zartgefühl und nur durch ihre Gegenwart befreit sie, was gebunden ist, versöhnt, was zerrissen ist, stellt auf die Füße, was niedergedrückt worden war.

Diese Liebe haben wir erkannt und an sie haben wir geglaubt. Sie hat uns gepackt und gestärkt. Wir glauben, dass sie das Leben der Menschheit erneuern kann, wenn man sie nur anerkennen will."

Über den Lebensstil von Christen in Algerien:
„Wie können wir hinhören, wenn wir voll von uns selbst sind, von unseren materiellen oder intellektuellen Reichtümern? Unsere Chance hier in Algerien ist, dass wir unserer Reichtümer entblößt sind – aber ist man es je genug? –, auch unserer Ansprüche, unserer Selbstgenügsamkeit. So können wir zuhören, aufnehmen, von dem wenigen, was wir haben, abgeben. Wir sollten uns nicht dauernd Sorgen darüber machen, wie wir uns verteidigen können. Was haben wir zu verteidigen? Unser Vermögen? Unsere Gebäude? Unseren Einfluss? Unseren Ruf? Unsere gesellschaftliche ‚Oberfläche' [die sichtbaren kirchlichen Institutionen]? Das alles ist lächerlich angesichts des Evangeliums von

den Seligpreisungen. Danken wir Gott, wenn er die Kirche auf die schlichte Menschlichkeit reduziert. Freuen wir uns über alles, was uns aufnahmebereit, verfügbar und bereit macht, eher uns hinzugeben, als uns zu verteidigen. Statt uns zu schützen, sollten wir das verteidigen, was wir für lebenswichtig und dem Wachstum, der Würde und der Zukunft der Menschen dienlich erachten. Die Liebe Gottes drängt uns dazu."

Über die Intoleranz und die Ehrfurcht vor dem anderen:
„All das wollen wir leben in einem Land, das mehrheitlich muslimisch ist. Im Islam wie anderswo zählt das Menschsein vor Gott. Auch wenn sich die Vorstellungen, die wir und andere davon haben, unterscheiden, kann man nicht sagen, diese sei besser, jene sei schlechter. Darum fürchte ich nichts so sehr wie das Sektierertum und den Fanatismus, besonders den religiösen. Unsere christliche Geschichte weist noch manche solcher Spuren auf, und wir können nur mit Beunruhigung integristische Bewegungen sehen. Sie spalten bereits die Kirche. Im Islam, unter dem Namen ‚Muslimische Brüder', scheinen sie schon ihren Einfluss auszuweiten. Ich kenne genug muslimische Freunde, die auch meine Brüder sind, und weiß, dass der Islam durchaus tolerant und brüderlich sein kann. Aber die Religion kann auch der Ort der schlimmsten Fanatismen sein. Der Dialog ist immer wieder neu aufzunehmen: Nur so ist es möglich, den Fanatismus zu entwaffnen, in uns und beim anderen.

Meine Brüder und Schwestern, das ist unsere Mission; sie ist so weit wie unser Leben: Sie soll Gebet, Dialog, Wort, Tat werden. Wir wollen gemeinsam dieses Abenteuer wagen und es Gott überlassen, dass er unsere Pilgerschaft anführe."

Der Dominikaner

Viele weitere Aussagen, vor allem aber sein ganzer Lebensstil zeigen, dass Pierre Claverie aus tiefster Überzeugung sprach und sich nicht billig anbiedern wollte. Seine innere Unabhängigkeit kam aus einem tiefen Gebetsleben und aus genauer Kenntnis der Menschen und der Umwelt. Er vergaß nie, dass er Dominikaner war, der nach der Losung lebte: *contemplata aliis tradere* – was ich im betrachtenden Gebet mir angeeignet habe, will ich den anderen weitergeben; darum hält er auch als Bischof die mönchischen Gebetszeiten ein, das Morgenlob in der Früh, das Mittagslob vor dem Essen, das Abendlob und die heilige Messe am späteren Abend, und dies in Gemeinschaft wenigstens des Generalvikars, der mit ihm wohnt, oder weiterer Priester und Ordensleute, die auf Besuch sind. Und immer wieder besucht er dominikanische Gemeinschaften, zum Gespräch, zu Exerzitien, zum Austausch.

Seine Diözese

Claveries Diözese war zahlenmäßig klein, aber bunt, und territorial unermesslich groß. Die paar hundert Katholiken setzten sich zeitweise aus Dutzenden von Nationen zusammen, meist Gastarbeiter oder kurzfristig angestellte Fachleute. In einer Diskussion im Anschluss an einen Vortrag in Frankreich 1990 charakterisiert er die Gläubigen seiner Diözese folgendermaßen:
1. die christlichen Europäer, algerischer Nationalität oder nicht, die sozusagen das Rückgrat bilden;
2. die christlichen (arabischen oder berberischen) Algerier, die teilweise schon vor der Unabhängigkeit Christen geworden waren; standen sie auf der Seite der nach Unabhängigkeit strebenden Mitbürger, konnten sie in einzelnen Fällen auch höhere Posten gewinnen (einer wurde Finanzminister, ein anderer

Außenminister). Auch nach 1962 sind einige wenige vom Islam zum Christentum übergetreten, aber sie sind sozial meist geächtet und haben ein schweres Leben; darum nennt sie Pierre Claverie den „Augapfel" der algerischen Bischöfe, da man ihnen besondere Aufmerksamkeit zuwenden muss;

3. die christlichen Ehefrauen muslimischer Männer, häufig in Europa verheiratet; eine kleine Minderheit kann ihr Christentum weiter (unauffällig) bekennen, andere müssen zwangsweise zum Islam übertreten, was sie oft einzig um der Kinder willen tun und um nicht durch eine muslimische Frau verdrängt zu werden. Pierre Claverie gesteht diesen oft verängstigten Frauen zu, sich weiterhin als Christinnen verstehen zu dürfen;

4. die alteingesessenen christlichen Europäer („*pieds-noirs*"), meist in prekärer sozialer Situation, aber gut in die muslimische Gesellschaft integriert;

5. afrikanische Studenten, die wegen kultureller Kontakte ihres Heimatlandes mit Algerien dort studieren; sie haben es sehr schwer, weil die arabische Welt rassistisch ist: Man liebt dort die Schwarzen nicht, und überdies meint man, ganz Schwarzafrika sei muslimisch. Sind die Schwarzen aber Christen, können sie ihrer Meinung nach nur auf Seite der Europäer stehen und müssen demnach Verräter sein;

6. arabische Christen vom Ursprung her: Der Schock für viele Algerier ist groß, wenn sie feststellen, dass die aus den anderen arabischen Ländern (Ägypten, Syrien, Irak, Libanon) kommenden Lehrkräfte manchmal Christen sind; denn für das durchschnittliche Bewusstsein der Leute ist Araber sein und Muslim sein dasselbe. Sie leben oft in ihrer christlichen Tradition und ziehen Priester nur für die Sakramente hinzu. Diese zelebrieren nach Möglichkeit in ihrem Ritus. Bischof Claverie konnte mit dem Segen des koptischen Kirchenoberhauptes Schenudah (offizieller Titel: Papst von Alexandrien und Patriarch des Sitzes des hl. Markus) für die Kopten in Algerien die Liturgie feiern;

7. schließlich die Christen unter den sogenannten *coopérants* (Mitarbeiter, Fremdarbeiter, aber auf verschiedenen sozialen Stufen); auch für sie wird die Liturgie nach Möglichkeit in ihrer eigenen Sprache gefeiert: Spanisch, Italienisch, Arabisch, Französisch, Deutsch, Polnisch, Englisch für die Philippiner, Inder, Amerikaner – und zwar Orthodoxe, Protestanten, Katholiken miteinander, da man sich nicht auch noch „den Luxus getrennter Konfessionen" leisten kann.

Diese Darstellung „seiner" Kirche mündete in folgende Überlegung: „Ihr seht, welche Freude es für einen Bischof ist, wenn er seine Hirtensorge in alle Richtungen ausdehnen und zusehen kann, wie das Evangelium in so vielen Kulturen Gestalt annimmt. Es ist auch eine Freude für einen Bischof zu sehen, wie sich all die kleinen Probleme der europäischen Kirche relativieren, die sich für das Zentrum der Welt hält und darum kämpft, ob man auf Französisch oder Lateinisch die Messe lesen soll, den Rücken zum Volk gewandt oder nicht, die Hände gefaltet oder nicht: Das hat doch alles keinen Sinn. Diese Leute sollten mal zusehen, was ein Syro-Malabare aus Indien ist, oder ein Syro-Malankare, ein Kopte, ein Schwarzafrikaner, ein Brasilianer, wenn sie die gleiche Eucharistie feiern. Wenn ich als Bischof nur diese eine Aufgabe hätte: zu versuchen, Einheit zu schaffen, indem man die verschiedenen Gefühls- und Denkwelten miteinander in Gemeinschaft bringt, sodass sie sich gegenseitig anerkennen und einsehen, dass das wirklich das Evangelium ist, wie es von den andern gelebt wird – es würde mir genügen!"

Diese Situationsschilderung aus dem Jahr 1990 war nach wenigen Jahren hinfällig, als nämlich die Extremisten alle Fremden mit dem Tod bedrohten, wenn sie nicht das Land verließen.

Bischof Claverie suchte alle Christen immer wieder auf, und seine Türe war allen offen (meist auch wörtlich!), sodass man oft auch ohne Anmeldung bei ihm vorsprechen konnte. Zudem bildete er sich ständig weiter (meist nachts) und hatte viele internationale Kontakte. Immer blieb er den Gefährten der Jugend treu, vor allem unter den Pfadfindern, seinen Mitbrüdern, und seiner Familie. Es ist kaum zu glauben: Lebenslang hat er den Eltern wöchentlich geschrieben! Dabei war er keineswegs ein „Fils à papa" oder ein Muttersöhnchen, sondern von Jugend an sehr selbständig im Urteil. Die zu Hause erlebte Offenheit und Liebe blieb ihm wegweisend für seine ganze Seelsorgetätigkeit.

Ortskirche und Gesamtkirche

Pierre Claverie sagt nicht einfach aus Notwendigkeit Ja zu einer schwachen Kirche, sondern hält dies für die einzig passende Form von Kirche. 1987 schreibt er in einem Brief: „Der Papst [Johannes Paul II.] hat seine schwierige Rundreise in Lateinamerika beendet. Ich frage mich, ob er jetzt nicht einmal für eine gewisse Zeit seinen Pilgerstab in die Ecke stellen sollte. Es braucht Zeit, um solche Rundfahrten in das Leben einer hochkomplexen Welt zu verdauen, und er sollte sich einer Meditation widmen über das, was er gesehen und gehört hat bzw. über das, was man ihn hat sehen und hören lassen. Vielleicht sollte er sich sogar anstrengen, das zu erfahren, was er nicht gesehen hat, die Rückseite der Dekorationen, vor denen man ihn herumgeführt hat. Kurz, ich würde es schätzen, dass er sich ein wenig beruhigt. Und weiter muss ich sagen, dass wir von Briefen jeglicher Thematik überschwemmt werden, von der internationalen Verschuldung bis hin zur In-vitro-Fertilisation, dazwischen die letzte Enzyklika über die Gottesmutter Maria oder das Schreiben an die Priester zum Gründonnerstag. Kaum hat man den ersten Brief aufgeschnitten, fliegt schon der nächste auf den Schreibtisch. Kardinal Duval findet, dass man im Vatikan sehr viel Papier verschleudert."

Aber nicht nur in Privatbriefen ärgerte er sich über das bürokratische Verhalten der Zentrale in Rom; auch im monatlichen

Diözesanrundbrief kam er darauf zu sprechen oder gab seinen Priestern das Wort dazu. Er hielt die Kirche für schwerfällig und manche Verlautbarung inhaltlich, vor allem aber in der Form für belastend. 1993 schrieb er offen: „Es gibt noch viel zu tun, um die Ikone Jesu von den Jahrhunderten von Gips zu befreien, die sie unkenntlich machen."

Als der Papst im April 1996 Tunis besuchte, weigerte er sich, trotz der Aufforderung des Nuntius, ihm dort die Aufwartung zu machen; der Besuch hätte auch politisch missdeutet werden können, und er wollte nicht den geringsten Schatten auf die Beziehungen zwischen Kirche und Staat werfen. Nach 15 Jahren wollte er sich aus dem Amt zurückziehen, weil ihn die Bürokratie ärgerte; nur die Liebe zu den Algeriern, den Muslimen und den Christen hielt ihn; er predigte gerne und sehr gut und war ein ausgezeichneter Kommunikator. Darum wurde er auch als Prediger und Exerzitienleiter für Ordensgemeinschaften überallhin gerufen, u. a. 1995 für die Dominikaner von St. Hyazinth in Freiburg (Schweiz).

Seit 1987 war er Mitglied des Päpstlichen Rates für den interreligiösen Dialog. Dreimal flog er deswegen nach Rom. Er schätzte das Zusammentreffen mit Kollegen aus anderen Ländern mit islamischer Nachbarschaft oder Herrschaft. Weniger schätzte er die akademischen Diskussionen sogenannter Fachleute, die weit weg von der Wirklichkeit waren. Er verabscheute das Drumherum-Reden und gab einer bestimmten, klaren Sprache den Vorzug. Im eigenen Land wurde der Dialog immer schwieriger, fanatische Muslime griffen zu einer immer beleidigenderen Ausdrucksweise – und bald zur Gewalt. Umso mehr freute sich Pierre Claverie an jenen gebildeten Muslimen, mit denen ein Gespräch auf der Basis der gegenseitigen Wertschätzung möglich war. Es wurde ihm immer klarer, dass Respekt voreinander, Annahme des anderen gerade auch in seiner Verschiedenheit unumgänglich sind. Wo diese Voraussetzungen nicht gegeben waren, konnte sich Bischof Claverie energisch wehren und wandte sich, solange es ging, an die Presse, an Radio und Fernsehen. 1988 trat er in der Moschee von Paris öffentlich auf und führte einen fruchtbaren Dialog.

Islamisch-christlicher Dialog

Langsam reiften in ihm aus der Erfahrung einige Grundsätze für den islamo-christlichen Dialog. Man kann sie folgendermaßen zusammenfassen:
1. Beide Seiten leiden unter einer lastenden Erbschaft, die von Polemik und Ausgrenzung gekennzeichnet ist.
2. Doch hat es immer wieder Kontakt und Austausch gegeben.
3. Eine Voraussetzung ist: den andern als Subjekt anerkennen.
4. Man muss die Unterschiede klar benennen, statt sie zu verschweigen.
5. Eine unmittelbare Aufgabe: Ein Klima von Vertrauen und Freundschaft schaffen.

Bischof Claverie hoffte immer darauf, es würde in einer näheren oder ferneren Zukunft möglich sein, dass man im Islam Religion und Politik trennt. Seine Annäherung an den Islam war einerseits pragmatisch, also nicht theoretisch, anderseits spirituell. Es ging ihm um eine ernsthafte Nachfolge Christi in der Art, wie man dem anderen begegnet. Spätestens seit Beginn der Attentate Anfang der Neunzigerjahre war ihm klar, dass auch für ihn einmal die Stunde des brutalen Abschieds schlagen konnte. Er bereitete sich bewusst darauf vor; er war vorsichtig, aber nicht ängstlich. Wie alle Christen in Algerien durfte er sich nicht mehr an regelmäßige Tagesabläufe und reguläre Ortswechsel halten, alles musste ständig umgestellt werden, um etwaige Aufpasser zu verwirren. Wir wissen, dass das häufig nichts nützte, und das bisher letzte Opfer in der Attentatsserie war eben Pierre Claverie.

MÖNCHE

selbstlose Bejahung
einer Guten Nachricht

konkrete Hingabe
eines freien Bewusstseins

berufliches Risiko
eines geschenkten Gehorsams

sinnliche Erprobung
einer geistlichen Sehnsucht

heikle Situation
einer exponierten Gegenwart

leiblicher Ausdruck
einer ehrlichen Arbeit

menschlicher Einsatz
eines gemeinsamen Gebets

fortdauernder Riss
eines einmaligen Ereignisses

geduldiges Durchforschen
eines verheißenen Landes

unversehenes Aufblühen
einer verborgenen Schönheit

kosmische Ausweitung
eines beschränkten Raumes

spürbare Spur
des unzugänglichen Gedichtes

(Moines)

WEGE IN DIE ZUKUNFT

Wegbereiter

AM ANFANG DER KOLONIALZEIT: CHARLES DE FOUCAULD

Immer wieder stoßen wir im Leben der Christen in Algerien auf Charles de Foucauld (1858–1916). Sein Leben ist zur Genüge bekannt: militärische Ausbildung, ausschweifendes Leben, Forschungsreise (in Verkleidung) in Marokko, das damals für Fremde gesperrt war, langsame Ausrichtung auf eine Transzendenz und dann plötzliche Sicherheit und Bekehrung, Suche nach seinem Weg über den Trappistenorden, bis er erkannte, welches seine Berufung war: arm wie Jesus von Nazareth unter den muslimischen Berbern (Tuareg) in der algerischen Sahara zu leben, wo er am 1. Dezember 1916 ermordet wurde.

Während der Zeitraum unserer Darstellung das Ende der Kolonialzeit und die ersten Jahrzehnte der politischen Unabhängigkeit umfasst, gehört Foucauld noch in die Epoche der langwierigen Kolonialisierung: Erst ungefähr zur Zeit der Niederlassung Foucaulds in der Wüste begann auch die endgültige „Zähmung" (ein Ausdruck des mit der Eroberung und „Befriedung" betrauten Generals) der Tuareg. Ihnen wurden die Bedingungen diktiert, unter welchen es ihnen möglich war, einen Schimmer ihrer alten Stammestraditionen aufrecht zu erhalten. Foucauld fügte sich anscheinend ohne Gewissensbisse in diese Expeditionen ein, an denen er oft teilnahm. Er hatte zwar keine Eroberungsgelüste, aber für ihn war Frankreich als Kolonialmacht (in Afrika und Asien) eine Selbstverständlichkeit. Ebenso selbstverständlich war ihm die Notwendigkeit, diese Völker auf geeignete Weise dem Christentum zuzuführen. Er wusste auch, dass man die Muslime nicht gewaltsam und massenhaft missionieren kann. Erste Voraussetzung ist eine genaue Kenntnis der Sprache und Kultur der Völker, denen man sich widmen will. Und so wurde Foucauld – sozusagen nebenbei (aber er widmet dieser Aufgabe den größten Teil seiner Zeit!) – zum hochbedeutsamen Forscher der Tuareg; seine Forschungsergebnisse sind inhaltlich und methodisch nicht überholt; alle weiteren Forschungen beruhen weitgehend auf ihm.

Er hat ein freundschaftliches Verhältnis mit seinen Nachbarn aufgebaut, wobei man sich bewusst sein muss, dass diese direkt oder indirekt unter französischer Aufsicht und Herrschaft standen. Er hat in diesem Rahmen sein Ideal verwirklicht, in höchst einfacher Lebensart seinem Vorbild, dem armen Jesus von Nazareth, nachzueifern. Wenn er dann inmitten des Ersten Weltkriegs, der seine Auswirkungen bis in diese Sahara-Wüste hatte, unversehens ermordet wurde, so ist das weitgehend politischen Konstellationen zuzuschreiben; man kann ihn kaum als Märtyrer für den Islam bezeichnen. Er war in politisch-militärischer Hinsicht ein Kind seiner Zeit; was bleibt, ist – neben seinem wissenschaftlichen Werk – seine Spiritualität, die – wie ebenfalls bekannt ist – erst nach seinem Tod Frucht getragen hat; seither berufen sich mehrere Kongregationen und Gemeinschaften auf ihn und führen sein Apostolat unter gewandelten Umständen weiter. So ist durchaus verständlich, dass auch Priester, Ordensleute und Laien gleichzeitig in Foucauld ein Vorbild sehen und auf jeglichen weltlichen Machtanspruch verzichten können.

Am Ende der Kolonialzeit: Louis Massignon

Eine zweite Figur, die immer wieder im Zusammenhang mit der algerischen Kirche von heute aufscheint, ist der Islamologe und Arabist Louis Massignon (1883–1962).

Auch er führte ein ausschweifendes Jugendleben. Auch er wurde plötzlich bekehrt, und zwar durch die Beschäftigung mit dem islamischen Mystiker al-Halladj (+922), vor allem aber durch die Gastfreundschaft und das fürbittende Einstehen islamischer Freunde gegenüber der osmanischen und somit islamischen Macht. Fortan hat er diese Ideale selber vertreten und darauf auch seine enge Bindung mit muslimischen Freunden und der islamischen Religion aufgebaut. In fortgeschrittenem Alter wurde er Priester der griechisch-katholischen melkitischen Kirche (dort können auch verheiratete Männer, wie es Massignon war, die Priesterweihe empfangen), um in ihr die Liturgie auf Arabisch feiern zu können und so seinen arabisch-muslimischen Freunden näher zu sein. Aber Massignons Herz schlug nicht nur wissenschaftlich und mystisch für die Muslime, sondern auch politisch: Überall trat er für ihre öffentlichen Rechte ein, u. a. in Algerien.

Massignon vertrat dabei die klare Überzeugung, es sei Gottes Wille, dass Frankreich in Algier wirke! Er selber hatte den ersten Kontakt mit der arabischen Welt in Algier erlebt, seine Forschungen dann aber über den ganzen Maghreb, Ägypten und Mesopotamien ausgedehnt. Wenn er auch Persisch und Türkisch lernte, blieb ihm doch das Arabische näher, das er perfekt beherrschte in Wort und Schrift. Um zu einer vollen Gleichberechtigung zwischen Franzosen und Algeriern zu kommen, war es nötig, den muslimischen Algeriern endlich ihre vollen sprachlichen, kulturellen und religiösen Rechte zuzugestehen, also eigentlich einfach das Wort zu halten, das man ihnen schon so oft gegeben hatte. Sowohl 1947, in dem Jahr, in dem den Algeriern eine fast volle Gleichheit mit den übrigen französischen Departements zuerkannt wurde (die ansässigen Franzosen behalten aber ein gewisses Übergewicht), wie auch 1955, als sich ein Krieg ankündigte, blieb Massignon bei seiner Idee von der Notwendigkeit eines „französischen Algerien". Allerdings war er dann – gleichzeitig mit Kardinal Duval in Algier – einer der ersten, welche die physische und psychische Folter und andere Kriegsgräuel der Franzosen gegenüber den Algeriern brandmarkten.

Als dann General de Gaulle als Staatspräsident sich bald bereit zeigte, den Algeriern die volle Unabhängigkeit zuzugestehen, war Massignon enttäuscht. Aber auch er musste zusehen, dass sein wohlwollendes Einstehen für den Islam von den langsam radikalisierten Eingeborenen immer mehr verachtet wurde; hinter allem witterten sie ein politisches und religiöses Ränkespiel.

Massignon starb im Jahr der Unabhängigkeitsgewährung an Algerien; er musste nicht mehr erleben, wie später alle seine Ideale einer religiös fundierten Zusammenarbeit zwischen Christen und Muslimen einer grausamen Realität geopfert wurden. Er selbst hat zweimal die Brisanz der Auseinandersetzung erlebt, als einmal eine Bombe platzte, während er einen Vortrag hielt – man konnte nicht herausfinden, ob sie ihm gegolten hatte – , und als einmal ein wütender Zuhörer einen Stuhl gegen ihn schwang; nachdem sich Massignon instinktiv zuerst mit den Armen gewehrt hatte, erinnerte er sich seines Ideals der Gewaltlosigkeit und rührte sich nicht mehr, bis andere den Täter „entwaffneten". Massignon trug einen bleibenden Augenschaden davon.

Massignon selbst hatte eine Gemeinschaft gegründet, „Badaliya" („Stellvertretung"), ursprünglich bestimmt für orientalische Christen, im Hinblick auf eine künftige Versöhnung der Muslime mit den Christen; bis es so weit wäre, sollten die Christen stellvertretend für die Muslime vor Gott im Gebet und in der Nächstenliebe eintreten. Das im Umkreis des Klosters von Tibhirine entstandene „Ribât as-Salâm" („Band des Friedens") hat entfernte Anklänge an die von Massignon und Mary Kahil in Damiette/Ägypten gegründete „Badaliya". Nur war letztere einzig für Christen gedacht „zugunsten" der Muslime, der „Ribât" aber als gemeinsame Gesprächs- und Gebetsgruppe von Christen und Muslimen.

Es ist aufschlussreich zu sehen, wie verschieden das Verhältnis zum Islam und zu seinen Gläubigen konkret aufgefasst wird, je nachdem, in welchem Milieu und in welchen leitenden Gedankenwelten man lebt. Focuauld, Massignon, de Chergé und Claverie sind verschiedene „Typen", aber jeder kann nur eine Weise des Kontakts pflegen. Es scheint, als gebe es verschiedene Berufungen, die erst zusammen Grundlagen einer stimmigen „Religionspolitik" bzw. eines in die Zukunft weisenden Dialogs zwischen den Religionen erkennen lassen.

Ein Fundament oder: Im Chaos des Neuanfangs: Léon-Etienne Duval

Léon-Etienne Duval (1903–1996), ein hagerer Bergler (hochgeschossen wie eine Figur aus einem Gemälde von El Greco, sagte ein Priester seiner Diözese), stammte aus Savoyen. Er war Theologieprofessor am Priesterseminar von Annecy, dann Generalvikar dieser Diözese. 1947 wurde er zum Erzbischof Algiers im damals noch französischen Algerien ernannt. Rasch erkannte er die Situation, die ein Ende der Kolonialzeit ankündigte und das Selbstbestimmungsrecht der Völker am Horizont aufleuchten sah. Er war klug, auch autoritär, unbedingt papst- und kirchentreu (bei einem Bischof eigentlich eine Selbstverständlichkeit), ließ sich aber beraten. Er fand guten Zugang zu den Menschen seiner Diözese und auch zu den Behörden.

Sehr zum Leidwesen vieler Franzosen unterstrich er das Recht der Algerier auf die Form des Staatswesens, die sie selber wünschten. Immerhin war damit die Gefahr gegeben, dass eine 130-jährige Kolonial- und „zivilisatorische" Tätigkeit in Gefahr geriet (so geschah es ja dann auch). Die Massenflucht der Franzosen und anderen Europäer, als 1962 das Land von Frankreich in die Unabhängigkeit entlassen wurde, schien den Pessimisten recht zu geben. Aber „Gerechtigkeit" war ein Leitmotiv des Erzbischofs, der 1965 zum Kardinal erhoben wurde. „Liebe" war sein zweites Leitmotiv; er hatte es aus seiner intimen Kenntnis des Kirchenvaters Augustinus geschöpft, dieses „Auch-Algeriers" aus römischer Spätzeit. Er kannte dessen Werke genau – ja, er hatte seine sämtlichen Werke gelesen, studiert, sich innerlich angeeignet. Liebe war kein Alibi-Wort, sondern im Alltag einzulösen, unter den zurückbleibenden Christen und bei der großen Mehrheit der Muslime, denen sie dienen wollten.

Schon im Unabhängigkeitskrieg hatte Erzbischof Duval auf Ungerechtigkeiten hingewiesen, selbst und erst recht, wenn sie von Franzosen begangen wurden, öffentlich und privat. 1955 verlangten die algerischen Bischöfe „die freie Ausdrucksmöglichkeit für legitime Ansprüche", und 1956 ließ Duval seine Priester wissen, es sei „eine Notwendigkeit, fortschreitend dem Willen zur Selbstbestimmung der algerischen Bevölkerungen Genugtuung zu leisten", d. h. entgegenzukommen. Wegen seiner Haltung wurde er von ansässigen Franzosen missachtet, auch noch von denen, die später nach Frankreich ausgewandert waren; man gab ihm gar den Namen „Mohamed Duval".

Als die ermutigenden ersten Jahre in Misswirtschaft und politische Unsicherheit umschlugen und schließlich der blanke Terror ausbrach, meldete sich Kardinal Duval immer wieder zu Wort und rief zu Mäßigung, Dialog und Achtung der Würde eines jeden Menschen auf. Er war von vielen Muslimen hoch geschätzt, und seine Priester verstanden seine Haltung immer besser. Wie schon im Zusammenhang mit Bischof Claverie erwähnt, wurde die Vertrauensbasis immer breiter, die Herzlichkeit tiefer, die Dialogbereitschaft innerhalb der eigenen Kirche größer. Man kann mit Fug und Recht sagen, dass Erzbischof Duval das Fundament der heutigen algerischen Kirche gelegt hat, auf dem sie ihre bescheidenen Dienste jetzt anbieten und vielleicht einmal wieder mehr Spielraum finden kann. Was sie gewiss nie mehr sein wird, das ist eine dominierende Kirche, in der Religion und Politik verquickt sind – für Duval war dies zeitlebens ein Gräuel – , sondern eine dienende Kirche, die ihren Platz in der Gesellschaft einnimmt, der ihr gebührt im Namen der allgemeinen Menschenrechte.

Dem alternden Erzbischof Duval wurde 1980 der damalige Bischof von Oran, Henri Teissier (*1929) als Koadjutor beigegeben (an seine Stelle trat in Oran Pierre Claverie), der 1988 das Amt voll übernahm. Er hatte mit den Mönchen von Tibhirine eine stete, enge, herzliche Beziehung und musste das Auf und Ab, die Entführung und Ermordung durchleiden. Man muss seine innere Erregung miterleben, wenn man ihn davon erzählen hört! Er war voll ausgebildeter Arabist und Islamologe und Algerien tief verbunden. Sein Nachfolger wurde 2008 der Jordanier Ghaleb Moussa Abdallah Bader (*1951), der 1975 in Jordanien zum Priester und vom jetzigen und dem früheren lateinischen Patriarchen von Jerusalem, Fouad Twal und Michel Sabbah, sowie von Henri Teissier zum Bischof geweiht wurde. Er ist ausgebildeter Kirchenrechtler und als Araber von Sprache und Kultur bestens für sein Amt vorbereitet.

* * *

Die Ereignisse in Algerien, ihre Vor- und Begleitgeschichte zusammengenommen, machen vor allem auf zwei Dinge aufmerksam, die weit über den gegebenen Anlass hinausgehen:
– Es geht um die rechte Weise, anderen Religionen zu begegnen, hier am Beispiel des Islam, der auch für uns in Europa wachsend an Bedeutung gewinnt.
– Es geht um die Frage, wie sich das Christentum in seiner reduzierten Bedeutung heute und in naher Zukunft in der Welt bewähren soll; denn noch immer trauern Leute seinen früheren Formen beträchtlicher Weltbedeutung nach, die es in absehbarer Zeit nicht mehr zurückgewinnen wird.

BILD-PROGRAMM ... FÜR DIE LETZTE FASTENZEIT

Fasten 96

mich sehen					aus Liebe zu Gott FRIEDEN
							40 Tage
							40 Nächte
				in der Öffnung

				Ich bin die Pforte
in Mitleiden		einfach da sein			in Geduld
				bei Maria

Ich bin dein Hirte		Jünger		Ich bin der wahre Weinstock
					des Lammes

				im Gebet

			Ich bin das Brot des Lebens

Los, gehen wir!
Liebe!
					Meine Freude!

Vier Weisen, dem Islam zu begegnen

Die Kirche der nächsten Zukunft ist einesteils zum kleinen Rest zusammengeschrumpft (im sogenannten „christlichen Abendland" wie in den sogenannten missionierten Gebieten), und andernteils ist sie mit anderen Weltanschauungen konfrontiert, die sie lange Zeit wenig beachtet hat, zu denen sie nun zu einem schiedlich-friedlichen Verhältnis finden muss. Überall aber tauchen auch neue Schwierigkeiten auf. Als friedlich geltende Religionen wie der Hinduismus und der Buddhismus entwickeln radikale Strömungen. Im Islam waren solche schon immer auszumachen, aber heute bekommen sie eine ganz entschieden politische Färbung. Allerdings, der Islam darf nicht auf die „Islamisten" reduziert werden; nicht nur der Islam, sondern auch der Islamismus ist in sich vielfach gespalten mit ganz verschiedenen politischen Zielen, einmal mehr demokratisch, dann wieder mehr gewalttätig. Es gibt Ansätze in der islamischen Religion, die ein Gespräch durchaus als sinnvoll erscheinen lassen, und gerade diese Möglichkeiten wollten unsere algerischen Mitchristen aufgreifen; gleichzeitig waren sie nicht so blauäugig, dass sie jede blinde Gewalttat schweigend erlitten hätten. Selbst wer für sich das Martyrium akzeptieren würde, darf nicht dulden, dass es andern angetan wird. Der Dialog mit dem Islam kann also stellvertretend für jeden interreligiösen Dialog gelten, mit den gebotenen Nuancen.

Interrreligiöser Dialog

Religionen und Kirchen pflegen sich oft voneinander abzugrenzen, wenn sie sich nicht sogar bekämpfen. Langsam bahnt sich bei vielen Gottverehrern und auch bei anscheinend oder überzeugten Gottfernen (d. h. solchen, die Gott nicht kennen oder nicht anerkennen) die Einsicht an, dass geistige Auseinandersetzungen im vertrauenden Wort und nicht mit der ruchlosen Waffe ausgetragen werden müssen. Innerhalb des Christentums ist man nach fast zweitausend Jahren ständigen Auseinanderlebens, ständiger Trennungen, Loslösungen, Ausstoßungen dazu übergegangen, sich gelten zu lassen (Toleranz), sich näher zu kommen, sich zu treffen, sich miteinander zu besprechen (Dialog), vor allem aber einander Respekt zu bezeugen. Diese Bemühungen werden mit dem Kennwort Ökumene benannt: Oikoumene, das ist ja der bewohnte Erdkreis, die gesamte Erde, dann im engeren Sinn die gesamte Kirche bzw. das, was alle Kirchen betrifft.

Den gleichen Weg versucht man mit den großen Weltreligionen zu gehen: Judentum, Islam, Hinduismus, Buddhismus, Taoismus – und letztlich mit allen aufrichtig vertretenen Weltanschauungen. Erst in allerneuester Zeit ringt sich das Christentum zu einer unverkrampften Haltung dem Judentum gegenüber durch, dem es doch entspringt und mit dem es zutiefst verwandt ist. Mit dem Islam ist das schwieriger, weil der Islam als immer größer werdende Weltmacht alte Ängste neu belebt, die auf realen Erfahrungen der Christen als Minderheit in islamischen Reichen beruhen. Der Islam ist zudem nicht nur eine Religion, sondern auch eine Kultur, und in vielen Fällen eine politische Macht. Europa ist sich eigentlich erst in der Abwehr des Islam ganz als eigener und zusammengehöriger Kontinent bewusst geworden. Immer ging es darum, den Vorstoß des militanten Islam abzuwehren: 811 Schlacht bei Poitiers in Südfrankreich, 1492 Rückeroberung Granadas durch das Königreich Kastilien-Aragon, 1529 und 1683 Zurückweisung vor Wien, um nur ein paar Daten zu nennen. Nachdem sich der Islam seit seinem Entstehen um 630 unerhört schnell aus religiösem Eifer und politischem und wirtschaftlichem Machtdrang ausgebreitet hatte, zuerst durch die Araber, dann durch die Osmanen, begann – mit dem 18. Jahrhundert – sein äußerer Zerfall. Im Ersten Weltkrieg schien sich dieser zu besiegeln, als die Weltreiche in Nationalstaaten zerfielen.

Für die Muslime sind zwei weltgeschichtliche Erfahrungen traumatisierend geblieben: erstens die Kreuzzüge (vom Ende des 11. bis zum Ende des 13. Jahrhunderts), die unter einem religiösen Vorwand und bisweilen auch einem subjektiv ehrlichen religiösen Motiv geführt wurden und dann zu scheußlichen Raubzügen entarteten, derer sich das christliche (westliche) Abendland für immer schämen sollte; und zweitens, wie die nunmehr nicht mehr christlichen (aber immer noch als solche gedeuteten) Westmächte im 19. und 20. Jahrhundert mit der muslimischen Bevölkerung verfuhren, als es um Kolonien und Protektorate, um gegeneinander ausgespielte und mit willkürlich eingesetzten Herrschern versehene sogenannte unabhängige Staatsbildungen ging.

STELLUNG ZUM ISLAM

Von dieser Vergangenheit belastet, muss man heute in allen Richtungen gangbare Wege suchen, um sich näher zu kommen, denn langsam bahnt sich die Erkenntnis an, dass die gesamte Erde auf Gedeih und Verderb zusammengehört. Einer dieser Wege ist der des Gesprächs der Religionen untereinander. Was das Judentum und den Islam, aber auch die anderen Weltreligionen anbelangt, hat für die Katholiken das Zweite Vatikanische Konzil (1962–65) den Weg gewiesen. In einer Erklärung, die nach ihren lateinischen Anfangswörtern *Nostra Aetate* (= In unserer Zeit) zitiert wird, heißt es in Bezug auf den Islam (dem damaligen Sprachgebrauch entsprechend steht hier im Plural immer „die Muslim" und nicht, wie heute meist, „die Muslime"):

„Mit Hochachtung betrachtet die Kirche auch die Muslim, die den alleinigen Gott anbeten, den lebendigen und in sich seienden, barmherzigen und allmächtigen, den Schöpfer Himmels und der Erde, der zu den Menschen gesprochen hat. Sie mühen sich, auch seinen verborgenen Ratschlüssen sich mit ganzer Seele zu unterwerfen, so wie Abraham sich Gott unterworfen hat, auf den der islamische Glaube sich gerne beruft. Jesus, den sie allerdings nicht als Gott anerkennen, verehren sie doch als Propheten, und sie ehren seine jungfräuliche Mutter Maria, die sie bisweilen auch in Frömmigkeit anrufen. Überdies erwarten sie den Tag des Gerichtes, an dem Gott alle Menschen auferweckt und ihnen vergilt. Deshalb legen sie Wert auf sittliche Lebenshaltung und verehren Gott besonders durch Gebet, Almosen und Fasten. Da es jedoch im Lauf der Jahrhunderte zu manchen Zwistigkeiten und Feindschaften zwischen Christen und Muslim kam, ermahnt die Heilige Synode alle, das Vergangene beiseite zu lassen, sich aufrichtig um gegenseitiges Verstehen zu bemühen und gemeinsam einzutreten für Schutz und Förderung der sozialen Gerechtigkeit, der sittlichen Güter und nicht zuletzt des Friedens und der Freiheit für alle Menschen."

So weit das Konzilsdokument. In Kürze ist hier alles Wesentliche gesagt. Im ersten Abschnitt wird aufgezeigt, was Christen und Muslime eint (mit einer kurzen Anspielung auf einen Unterschied hinsichtlich Jesus Christus). Im zweiten Abschnitt sind die Schritte skizziert, die man gemeinsam gehen müsste, um voranzukommen, nicht nur im unverbindlichen Dialog, sondern im Zusammenleben.

Noch in einem anderen Konzilsdokument ist ausdrücklich von den Muslimen die Rede, in der Dogmatischen Konstitution über die Kirche *Lumen gentium* (= Das Licht der Völker), wo es heißt: „Der Heilswille [Gottes] umfasst ... auch die, welche den Schöpfer anerkennen, unter ihnen besonders die Muslim, die sich zum Glauben Abrahams bekennen und mit uns den einen Gott anbeten, den barmherzigen, der die Menschen am Jüngsten Tag richten wird. Aber auch den anderen, die in Schatten und Bildern den unbekannten Gott suchen, auch solchen ist Gott nicht ferne, da er allen Leben und Atem und alles gibt und als Erlöser will, dass alle Menschen gerettet werden." Der letzte Satz, aus dem 1. Timotheusbrief (2,4), ist wichtig, weil er wieder neu ins Bewusstsein gerufen wurde und eine neue Sicht auf die anderen Religionen erlaubt.

Für das Gespräch mit dem Islam gibt es verschiedene Bereiche, die früher oder später durchgearbeitet werden müssen und die alle auch schon mit wechselndem Erfolg erprobt worden sind:

1. Der dogmatisch-metaphysische oder lehrhafte (doktrinäre) Dialog (über die Glaubensgrundlagen und ihre gedankliche Darstellung)
Dieser Dialog ist nach Meinung fast aller Kenner heute noch nicht möglich, von seltenen Ausnahmen abgesehen. Zu groß sind die fundamentalen Unterschiede in den Glaubensauffassungen. Einige wenige Gutgesinnte können sich daran wagen und in Behutsamkeit versuchen, einander ihre Überzeugungen in einer Weise plausibel zu machen, dass der andere sie wenigstens nachvollziehen, wenn wohl auch nicht billigen kann.

2. Der geschichtliche Dialog (man muss gemeinsam die gemeinsame Geschichte aufarbeiten und überhaupt einmal prüfen, wieweit die historische Dimension in den Glaubensdiskurs einbezogen werden kann)
Dieser Dialog wäre höchst dringlich. Wenn auch ein Christ bald einmal anerkennen wird, dass der Koran sicher auch „Gottes Wort" sein kann – und viele Christen finden darin auch geistliche

Nahrung und viele Gemeinsamkeiten – , so wird der Christ doch auch wünschen, dass der Muslim die Geschichtlichkeit des Korans anerkennen möge: Er ist zu einer bestimmten Zeit entstanden, in einer bestimmten historischen Konstellation, von einem Menschen mit seiner Vergangenheit, seinen Kenntnissen, seinen Problemen verfasst, zu einem bestimmten Zweck. Das alles haben die Christen gelernt, auf ihre Heiligen Bücher, die Bibel, anzuwenden. Die historisch-kritische Bibelwissenschaft hat sich erst spät und mühsam genug etabliert, ist aber heute nicht mehr wegzudenken. Es ist dann noch schwer genug, das göttliche und das menschliche Element in diesen Schriften auseinanderzuhalten, bzw. in ihrem Ineinander zu sehen. Und das gilt dann für die ganze Geschichte. Es gibt ja nicht die Ereignisse „an sich", sondern nur so, wie sie „wahrgenommen" und in der Erinnerung weitergetragen werden. Die Muslime haben von Europa ein ganz anderes Bild, als wir es haben, und umgekehrt sind wir weiterhin noch von vielen pauschalen (Vor-)Urteilen geprägt. Erst heute ist man daran, diese verschiedenen Fremdbilder aufzuarbeiten. Von ihrem engen Zusammenhang zwischen Religion und Gesellschaft her haben die Muslime große Mühe, das Verhalten der Europäer in dieser leidvollen Vergangenheit und Gegenwart nicht pauschal für „christlich" zu halten, während wir hierzulande schon längst feststellen müssen, dass Europa eigentlich entchristlicht ist und die Kirchen und ihre Gläubigen sich auf dem Rückzug befinden.

Die gemeinsame Geschichte, die uns mit dem Islam verbindet, müsste mit neutralen – also nicht ideologisch oder kulturell vorbelasteten – Begriffen studiert werden. Gerade auf dem Gebiet, das uns hier interessiert, könnte die relativ neue Wissenschaft der Geopolitik hilfreich sein, die das nötige begriffliche Instrumentarium bereitstellt, um die Vergangenheit und Gegenwart besser in den Griff zu bekommen. Was damit gemeint ist, sagt in knapper Weise einer ihrer führenden Wissenschafter, Yves Lacoste (ich unterstreiche die entscheidenden Begriffe): „Die Geopolitik untersucht die Auseinandersetzungen um die *Macht* in bestimmten *Gebieten* und deren Widerhall in der öffentlichen Meinung; aufgrund einer gewissen Anzahl von *Vorstellungen* kann man die *strategische Bedeutung* oder den *symbolischen Wert* dieser Gebiete erfassen, welche Spielball oder Austragungsort von *Rivalitäten und Auseinandersetzungen* sind."

Aber schon historische Debatten, wie sie im Frühling 2001 in Algier über den heutigen Augustinus durchgeführt wurden, können einer Annäherung dienen.

3. Der ethische Dialog (es geht darum, dort, wo man zusammenlebt, gemeinsame Verhaltensregeln zu finden, die die Würde aller Beteiligten wahren und jedem ein gedeihliches Fortkommen sichern)

Dieser Form des Dialogs kann man die unermüdlichen Bemühungen von Bischof Pierre Claverie zuordnen. Erzbischof Duval nannte ihn bereits den „Dialog des Herzens und des Lebens". Claverie hatte ja, wie im Lebensabriss deutlich wurde, obwohl in Algerien geboren, den „andern", den algerischen Muslim, erst spät „entdeckt". Gründliche Studien und eine offene Haltung erlaubten ihm, mit einer Vielfalt von Einheimischen herzliche, unbefangene Kontakte zu knüpfen, von der spontanen Begegnung bis zum ernsthaften Gespräch zu zweit oder in der kleinen Runde. Er hielt wenig von offiziellen interreligiösen Gesprächen zwischen Kommissionen, etwa wie sie vom Vatikan aus organisiert werden. Entscheidend war für ihn das Leben mit dem „Andern", der Versuch, ihn von seiner Geschichte und von seinen aktuellen Problemen her zu verstehen. Darum war für ihn die Präsenz der Kirche in Algerien von ungeheurer Bedeutung – im Einklang mit den anderen dortigen Bischöfen, Priestern und Ordensleuten. Es stand immer jedem frei, das Land zu verlassen, und für einige war dies unumgänglich, wenn auch oft gegen ihre Überzeugung. Wenn die Kirche ein für alle Mal auf jeden Machtanspruch verzichtet und sich völlig arm und gewaltfrei in eine Gesellschaft einlässt und verfügbar ist, wo man sie braucht, dann ist dies für die Kirche eine Chance. Pierre Claverie war gerne Bischof einer personell winzigen Diözese, wo er jeden einzelnen Gläubigen kannte, wo er den Priestern beistehen konnte (im Sommer schickte er sie in Erholung und übernahm ihre Seelsorgestellen); er besuchte sie reihum und stärkte sie im Glauben.

Dem Islam gegenüber hatte er eine feste Haltung. Viele Freundschaften gaben ihm die Gewissheit, dass Fundamentalismus und Terror nur kleine Gruppen beherrschen, dass aber gerade darum diese nicht die ganze Gesellschaft, das ganze Land unterjochen dürfen. In Gesprächen und Artikeln stellte er die Feigheit der aus dem Hinterhalt kämpfenden Extremisten an den Pranger, die völlig Unschuldige wahllos niedermetzeln. Dabei ging es Claverie gar nicht nur um die Christen. Er litt mit dem leidenden algerischen Volk in seiner überwältigenden Mehrheit. Er sah auch, dass die Verschlimmerung der Zustände mit der politisch-wirtschaftlichen Situation im Lande zu tun hatte; das sozialistische Experiment in der Aufbauphase nach der Befreiung war letztlich gescheitert, und eine kleine Minderheit von korrupten Menschen bereicherte sich auf Kosten der anderen und hielt sich mit Gegengewalt an der Macht.

Pierre Claverie sah auch deutlich, dass sich vor seinen Augen eine weltweite Auseinandersetzung abspielte, die er mit der Bezeichnung „vielfältige Menschheit" („*humanité plurielle*") charakterisierte. Jeder Exklusivismus ist vom Bösen: Niemand darf aufgrund seiner religiösen, politischen und privaten Meinungen aus der Gesellschaft ausgeschlossen werden, jeder hat sich aber auch allgemein akzeptierten Regeln zu unterwerfen, damit ein Minimum an gedeihlichem Zusammenleben gewährleistet ist. Diese Gedankengänge sind unseres Erachtens so wichtig, dass sie im Anhang in Übersetzung vollständig abgedruckt werden.

Im Gegensatz zu den sieben Mönchen, von denen gleich nochmals die Rede sein wird, war Pierre Claverie für seine Diözese verantwortlich – und damit mitverantwortlich für die Kirche in Algerien insgeamt, letztlich für die ganze katholische Kirche, die immer neu lernen muss, mit dem „anderen" umzugehen. Er hatte die ganze Lebenswelt zu berücksichtigen.

Hier stellt sich die Frage nach den allgemeinen Menschenrechten. Das Christentum hat dafür sicher eine gute Basis gelegt, und eine aufmerksame Befolgung der Lehren des Christentums durch alle Jahrhunderte hindurch hätte vermutlich die Proklamation der Menschenrechte im Laufe des 18. Jahrhunderts überflüssig gemacht: 1776 die *Bill of Rights* in Virginia und dann 1789 die Erklärung der Menschen- und Bürgerrechte, 1948 feierlich in Erinnerung gerufen in der Allgemeinen Erklärung der Menschenrechte durch die Generalversammlung der UNO. Diese Rechte waren im Lauf der Jahrhunderte in der Kirche selbst und gegenüber Außenstehenden allzuoft mit Füßen getreten worden, sodass diese Erinnerung von außen her dringend nötig wurde. Sie gelten primär den Rechten des Einzelnen gegenüber dem Staat: Freiheit der Person, Gleichheit vor dem Gesetz, Glaubens-, Gewissens-, Versammlungs-, Vereinigungs-, Koalitionsfreiheit, freie Meinungsäußerung, Recht der Freizügigkeit (freie Wahl des Aufenthaltsortes), freie Berufswahl. So wenig wie der Staat, darf eine Religion diese Grundrechte willkürlich einschränken. Das Problem ist, dass bis heute einige Gruppen oder Ideologien die Universalität der Menschenrechte leugnen und sie für das Ergebnis einer partikulären Entwicklung des Westens halten, die für andere geschichtliche Entwicklungen und kulturelle Überlieferungen unerheblich ist.

Hier liegt ein heikler Diskussionspunkt vor; die Menschenrechte, die wir – und übrigens auch viele Muslime und Vertreter anderer Religionsgemeinschaften – für universal halten, kann man nicht mit Gewalt (womöglich militärischer!) anderen Völkern aufzwingen. Umso mehr dürfen und müssen Länder westlicher Zivilisation darauf beharren, dass Ein- oder Zuwanderer –

d. h. regulierte oder unregulierte Neuzuzügler in einem Land, um es mit Bassam Tibi zu sagen – sich voll und ganz an die im Lande üblichen Gesetze, die auf den Menschenrechten beruhen, halten, und zwar sie nicht nur äußerlich befolgen (Assimilation), sondern auch innerlich bejahen (Integration), zumindest wenn sie länger zu bleiben gedenken. Fundamentalistische Gruppierungen, die solche Rechte nicht akzeptieren, haben auch nicht das Recht, die Demokratie als Sprungbrett zu benützen, um sich durchzusetzen. Jede Demokratie hat darum die Pflicht, sich mit den demokratiewilligen und -fähigen Leuten und Regierungen zusammenzutun, um die Globalisierung nicht nur wirtschaftlich, sondern auch rechtlich und humanitär zu befördern. Es ist gewiss unsinnig und letztlich selbstmörderisch, wenn mitteleuropäische Regierungen ohne ideologische Überprüfung fundamentalistischen Gruppen die Erlaubnis erteilen, ihre Landsleute in Religion zu unterrichten. Und warum sollten nicht gelegentlich sprachkundige Leute an einem muslimischen Gottesdienst in Mitteleuropa teilnehmen, so wie es zum Beispiel die syrische Polizei in den christlichen Kirchen von Damaskus hält?

Leider sind die Verhandlungen zwischen demokratischen europäischen und orientalischen islamischen Staaten nicht symmetrisch: Bei uns sind Religion und Gesellschaft getrennt, bei den anderen engstens miteinander verbunden. Darum ist es kaum einmal einem europäischen Staat eingefallen, im Gegenzug für gewährte Rechte dieselben Rechte für die eigenen Landsleute in den islamischen Staaten einzufordern: freie Religionsausübung, eigene Erziehung, Entbindung vom Zwang, dem muslimischen Religionsunterricht folgen zu müssen usw. Der Westen ist so demokratisch, dass er sich manches Mal nicht berechtigt oder nicht bemüßigt fühlt, die religiöse und kirchliche Komponente (und wäre es nur als Kulturfaktor!) in die Gespräche einfließen zu lassen.

Allerdings darf man die Bemühungen Claveries nicht auf diesen sogenannten „ethischen Dialog" reduzieren. Je nach Gesprächspartner diskutierte er auch tiefgründig theologisch und historisch; er war ja bestens vorbereitet dazu. Das „Glaubensbuch" (*Le Livre de la Foi*) der nordafrikanischen Bischöfe, das weitgehend von Pierre Claverie verfasst und redigiert ist, liefert das Spiegelbild dieses umfassenden Dialogs, indem es den christlichen Glauben im Angesicht des Islams beschreibt.

Die Mönche von Tibhirine waren nicht in solche Probleme eingebunden; sie bildeten eine kleine Gruppe, die sich als „Betende unter Betenden" verstanden und von dieser Basis aus den Dialog suchten. Sie konnten sich sozusagen an das reine Evangelium halten und von da aus den Funken überspringen lassen. Im benediktinischen *Ora et labora* (Bete und arbeite) stellten sie sich vor Gott und kamen mit den Menschen in Kontakt.

4. Der mystisch-glaubenspraktische Dialog (nicht der „mystische" Dialog im engeren Sinn, der einer Minderheit in den beteiligten Religionen vorbehalten bleibt, sondern der Dialog, der auf dem schlicht praktizierten, unaufdringlichen, ernsthaften Gebet und Glauben basiert und Gottesliebe und Nächstenliebe konkret aufleuchten lässt); er deckt sich zum Teil mit dem dritten Weg.

Die Mönche von Tibhirine haben sich für diesen Weg entschieden; nicht weil sie die anderen Wege für überflüssig, sondern wohl eher für verfrüht und wenig ertragreich halten; letztlich aber, weil sie ein Christentum leben wollten, das nichts mit Macht und Gewalt, viel aber mit Liebe zu tun haben sollte. Ich glaube, man kann ihre Grundhaltung auch mit einem Gedicht von Friedrich Rückert (1788–1866) aus seiner „Weisheit des Brahmanen" (1836–38 zum ersten Mal erschienen) andeuten:

> Wie von der Sonne gehn viel Strahlen erdenwärts,
> So geht von Gott ein Strahl in jedes Dinges Herz.
> An diesem Strahle hängt das Ding mit Gott zusammen,
> Und jedes fühlet sich dadurch von Gott entstammen.

Vier Weisen, dem Islam zu begegnen

Von Ding zu Dinge geht seitwärts kein solcher Strahl,
Nur viel verworrene Streiflichter allzumal.
An diesen Lichtern kannst du nie das Ding erkennen,
Die dunkle Scheidewand wird stets von ihm dich trennen.
An deinem Strahl vielmehr musst du zu Gott aufsteigen,
Und in das Ding hinab an seinem Strahl dich neigen.
Dann siehest du das Ding, wie's ist, nicht wie es scheint,
Wenn du es siehest mit dir selbst in Gott vereint.

Am Anfang des Gedichts (Nr. 88 im 10. Buch des Werks) wird festgestellt, dass jedes „Ding" von Gott geschaffen ist und von ihm geprägt bleibt. „Ding" ist zunächst das ganze Universum, darin alle physischen und geistigen Dinge und Gebilde. Gegenseitig sind diese nicht unbedingt durchlässig, das heißt in ihrem wahren Sein erkennbar, eine „dunkle Scheidewand" steht zwischen ihnen, oder doch „viel verworrene Streiflichter" spielen zwischen ihnen, sodass man die „Dinge" ungenau wahrnimmt. Der Weg zu ihnen ist der „Umweg" über Gott, den gemeinsamen Schöpfer aller Geschöpfe. Was Rückert hier nicht mehr weiter ausführt, ist die nähere Kennzeichnung dieses „Umwegs"; es ist nichts anderes als das Gebet und das Erwägen aller Dinge und Geschehnisse vor Gott, um sie in sein Licht zu stellen und aus seinem Licht heraus zu erfassen.

Unsere Mönche von Tibhirine haben diesen Gedanken mehrfach ausgedrückt. Christian de Chergé gebraucht zwar nicht das Bild von den zuoberst in einem Punkt konvergierenden Strahlen, sondern das von der Leiter, deren Pfosten im gleichen Erdreich (oft stärker sogar: im gleichen Dreck!) stecken, sich aber am anderen Ende auch beide in den Himmel recken; und zwischen ihnen sind seiner Meinung nach weder eine dunkle Scheidewand noch auch nur verworrene Streiflichter, sondern Sprossen, die fest in beide Holmen links und rechts eingefügt sein müssen, damit man an ihnen emporsteigen kann. Für Christian de Chergé sind Christentum und Islam zwei solche Pfosten, die die eine Leiter bilden, und die stärksten Sprossen sind jene, die den Islam und die Mönchsgelübde und überhaupt die mönchische Lebensweise miteinander verbinden: die Ganzhingabe an das Absolute Gottes, das regelmäßige Gebet, das Fasten, das Spenden von Almosen, die Bekehrung des Herzens, das Gedächtnis an eine Ursprungssetzung, das Vertrauen in die Vorsehung, die Dringlichkeit einer Gastfreundschaft ohne Grenzen, der Aufruf zum geistlichen Kampf und zur Wallfahrt, die auch eine Wallfahrt nach innen ist. Nach einer anderen Quelle soll das Bild von der Leiter von einem mit den Mönchen befreundeten Sufi (aus einer muslimischen Bruderschaft) stammen: „Wir sind wie auf einer Leiter, die in den Himmel steigt. Die Muslim steigen auf der einen Seite zu Gott hinauf, die Christen auf der andern. Je näher man Gott kommt, desto näher kommt man sich auch gegenseitig."

Christian de Chergé weiß genau, dass hier Höchstanforderungen gestellt werden, denen weder alle Muslime noch alle Christen genügen. Der Glaube an den absoluten Gott kann zum Fanatismus und Fundamentalismus ausarten; das Gebet kann zur Routine werden; die Gastfreundschaft wird immer wieder verletzt, gerade in Algerien zur Zeit der Mönche von Tibhirine, die ja ganz bewusst nicht mehr als Kolonialherren auftreten, sondern sich als dankbare Gäste fühlen wollten; und das geistige Bemühen und Kämpfen wird leider manches Mal zu einem falsch verstandenen, unerbittlichen *Jihâd* („heiliger Krieg" statt – wie in der ursprünglichen Wortbedeutung – „Anstrengung für das Gute").

Und doch hält Christian de Chergé – und mit ihm die ganze Klostergemeinschaft – an diesem Ideal fest, wenn es auch nur selten in reinem Glanz aufleuchtet. Aber er sieht den Anfang seiner Berufung zum Mittler zwischen Islam und Christentum in jenem Ereignis, das ihm während seiner Militärdienstzeit im algerischen Befreiungskrieg widerfuhr, als ihn ein muslimischer

Einheimischer vor dem Tod bewahrte und dafür selber ermordet wurde.

Ebenso tief hat sich ihm das andere ebenfalls schon erwähnte Ereignis im eigenen Kloster ins Gedächtnis eingegraben, da er und ein muslimischer Freund sich in nächtlichem Dunkel in der Kapelle „in Worten und Seufzern" an Gott wandten. Christian de Chergé spürte, nein wusste, dass hier im Beten und Schweigen vor Gott eine Einheit im Zielpunkt entstand, die zwar nicht alle menschlichen Schwierigkeiten verschwinden, aber zweitrangig werden ließ.

Eine Frage, die Christian de Chergé immer umtrieb, war die nach dem Ort des Islam im Plan Gottes. Es war ihm klar, dass der Islam als Religion und die Muslime als einzelne Gläubige und als solche, die sich gemeinsam zum Gebet einfanden, in Gottes Vorsehung einbeschlossen waren, nicht zuletzt als Infragestellung der Christen. Die Muslime in Algerien hatten eben mit den „Christen", den herrschenden Franzosen, vielerlei Erfahrungen machen müssen, unter denen die kaum feststellbare Gottgläubigkeit und das wenig sichtbare Gebet für sie ein großes Problem darstellte, wenigstens für die tief Gläubigen unter ihnen. Und doch sagte einer dieser Muslime zu Pater Christian:

> „Wenn man nur gemeinsam
> im Ziehbrunnen des Gebets
> genügend tief gräbt,
> stößt man auf das Wasser Gottes."

EIN HERZ UM ZU LEBEN

Freund,

ich vertraue dir
    mein Herz an
    grenzenlos
    unbekannt

um zu leben

        auf meinen Vater hin
        und
        auf meine Brüder hin

heute

    gebe ich
    dir
    mein erneuertes
    Königreich

Freund

        empfange
        meinen Atem

(Coeur à vivre)

Wie weiter?

Auch diese Frage – wie schon die nach dem Dialog mit dem Islam – greift über das Thema der algerischen Christen hinaus, das hier unser Ausgangspunkt ist. Es geht um das „Wie weiter?" der algerischen Christen – in immer neuen Anläufen denken sie darüber nach –, wie um unser eigenes Zeugnis.

Am Beginn des dritten Jahrtausends darf man es nicht wagen, eine Prognose für Algerien zu stellen. Es stimmt zwar, dass seit einigen Jahren keine prominenten Christen mehr ermordet wurden – die Welle der Sympathie, ja der Zuneigung und Liebe vonseiten der ganzen Bevölkerung zu den Opfern war unübersehbar. Doch um die Jahrtausendwende kam es erneut zu Terror und Gewalt – mit zahlreichen Toten. Es gab alarmierende Berichte, wonach die Unterdrückung der islamischen Extremisten durch die Armee auch nicht gerade zimperlich vor sich ging; auch hier wurde oft ziemlich wahllos Gegengewalt ausgeübt.

Eine dauerhafte Lösung ist nicht in Sicht, so wenig wie zwischen den Israelis und den Palästinensern und weiteren arabischen Völkern, die jedoch bei weitem nicht nur Muslime sind. Meist sind es gar nicht primär religiöse Zwistigkeiten; aber die Religion kann recht praktisch andere Ziele – nationalistische, ethnische, sprachliche – bemänteln. Zwar hat der algerische Präsident Bouteflika, der – wie die Neue Zürcher Zeitung schrieb – von den Generälen „im April 1999 durch gefälschte Wahlen ins Amt gehievt" worden war, eine Versöhnungspolitik einführen wollen; doch sind auch danach, vor allem in den ersten Jahren nach der Jahrtausendwende, eine Reihe weiterer Todesopfer zu beklagen. Algerien hat es schwerer als andere muslimische Staaten, sich zu einer echten Demokratie wandeln zu können, was einzig langfristig einen Frieden gewährleisten könnte. Die jüngste Wiederwahl

Bouteflikas im Frühjahr 2009 war überschattet von gewaltsamen Zwischenfällen; aus Protest gegen einen ungleichen, äußerst kurzen Wahlkampf waren die wichtigsten Oppositionsparteien erst gar nicht angetreten.

Angesichts von so viel Gewalt stellt sich die Frage der Gewaltlosigkeit. Am entschiedensten haben sich die Mönche von Tibhirine dazu bekannt. Eine große Hilfe bei der Entscheidungsfindung war für sie die Philosophie von Emmanuel Lévinas. In seiner Ethik („als erster Philosophie") ist „der/die Andere" leitmotivisch dauernd anwesend. Das Grundgebot für ihn ist: „Du sollst nicht töten", und er meint, dass man eigentlich nicht töten könne, wenn man einem Mitmenschen ins Antlitz schaue. Es ist auch klar, dass das Christentum die Gewaltlosigkeit in vielerlei Formen lehrt. In diesem Sinne hat auch ein Schriftsteller das Martyrium der Tibhiriner Mönche als Zeugnis für die Gewaltlosigkeit gedeutet. Er ist sich ganz klar darüber, dass man ihm dies als Einseitigkeit auslegen kann; doch nimmt er für sich in Anspruch, dass die Gewaltlosigkeit einen „Teil der Wahrheit" der Mönche ausmacht, für die sie gestorben sind. Sie ist in gewissem Sinn in ihrer Armut und ihrem Verzicht auf Macht, also in ihren Ordensgelübden, enthalten. Christian de Chergé hat das Thema mehrfach aufgegriffen und sich entschieden zur Gewaltlosigkeit bekannt. Darum wollten sich die Mönche nicht bloß nicht wehren, sondern überhaupt keinen weltlichen Schutz annehmen und sich auch nicht, etwa für die Nacht, an einen sicheren Ort begeben, was ihnen die muslimischen Behörden dringendst nahelegten.

Ein anderer Name für Gewaltlosigkeit ist „Friede", und auch dafür sind die Mönche von Tibhirine, überhaupt die algerischen Christen, unermüdlich eingestanden. Man denke nur an die freie Gesprächs- und Gebetsgruppe „Band des Friedens". Und auch das ist fundamental christlich und evangeliumsgemäß. Ein Name von Jesus Christus ist ja „Friedensfürst".

Bei aller Sympathie für die energischen Vertreter der Gewaltlosigkeit und des Friedens (auch „Pazifisten" genannt) glaube ich persönlich nicht, dass Gewaltlosigkeit – radikal und global gesehen – ein taugliches Instrument für einen relativen Frieden ist. Einen dauernden, universellen Frieden wird man hier auf Erden einfach nicht finden; die bisherige Geschichte der Menschheit lässt es nicht erhoffen. Es gibt „Grenztugenden", die nur eigens dazu Berufene eschatologisch und prophetisch vorleben können. Auch die drei Mönchsgelübde der Armut, der Keuschheit und des Gehorsams in ihrer strengen, verbindlichen Form sind freie Angebote für jene, die es fassen können. Doch gerade so sind sie für jedermann hoch aufgerichtete Zeichen für ein rechtes Verhältnis zu den materiellen Gütern, zur Sexualität (der eigenen und der fremden) und zur Macht, also zu Habenwollen, Genießenwollen, Geltenwollen. Gleiches gilt für die großen Vorbilder im Einsatz für Frieden und im Gewaltverzicht: Sie sind unumgehbare Sinnzeichen, welche die übrigen Menschen den rechten Umgang untereinander lehren können.

Es liegt in jedes Menschen Freiheit, sich für ein Ideal zu opfern. Doch ist er nicht berechtigt, dem Mitmenschen seine Freiheit, Hab und Gut, Leib und Leben, seine ganze Unversehrtheit durch Gewalt rauben zu lassen. Bei allen Einwänden gegen die Rede vom „gerechten Krieg" ist irgendwie doch ein Recht auf Selbstverteidigung einzuräumen. Wenn einer für sich darauf verzichten will, mag es ihm unbenommen bleiben, aber darf er Frau, Kinder, Nachbarn, Mitbürger dem Angreifer opfern? Was die Kirchen anbetrifft, steht allerdings fest: Als solche dürfen sie nie zur Gewalt greifen, weder zu physischer noch psychischer.

Die Demokratie als die erträglichste Form des menschlichen Zusammenlebens kann auch nicht mehr leisten, als eine Minimierung der Gewalt und eine Maximierung der Wohlfahrt anzustreben. Und erst noch bedarf es dazu einer unaufhörlichen Anstrengung. Man weiß auch, dass Organisationen, Institutionen usw., denen Gewaltverzicht ein wichtiges Anliegen ist, eben doch nicht davon frei sind, und wäre es nur in der subtilen Form geistiger Gewalt. Bekanntlich sind davor auch Religionen und Kirchen nicht gefeit. Gerade darum sind Extremsituationen, wie sie der Kirche in Algerien beschieden sind, und die Art und Weise, wie die davon Betroffenen damit umgehen, von hohem Beispielwert. Die Lehren, die auch der Koran für friedfertiges Verhalten bereithält, die Gebote der jüdischen und christlichen Bibel, das Vorbild so mancher Gruppen und anderer Religionen sind ein ständiger Stachel im Fleisch, sich stets neu infrage stellen zu lassen und nach situationsgerechten Lösungen zu suchen.

Man muss den radikalen Vertretern der Gewaltlosigkeit zugute halten, dass Gewalt allein keinen Frieden bringt und auch nicht erzwingen kann. Selbst wenn sie als allerletztes und äußerstes Mittel notwendig erscheinen sollte, muss sie eingesetzt werden im Verbund mit gewaltlosen wirtschaftlichen, sozialen und ethischen Anstrengungen.

Die *Kirche im Maghreb* durchlebt eine Situation, die sie nicht nur zu Lösungen im Alltag, sondern auch zum Durchdenken dieser Situation im Lichte der Geschichte und der Heiligen Schrift zwingt. Im Hinblick auf das Jahr 2000 versammelten sich die Bischöfe des Maghreb im November 1999 in Malta. In der Rückschau auf ihre verschiedenen Stellungnahmen des vergangenen halben Jahrhunderts haben sie einen Vorausblick auf die Zukunft geworfen; das Schreiben ist datiert vom 28. November 1999. Sie greifen kurz sogar auf die Anfänge des Christentums in Nordafrika zurück, das zwar seit dem 12. Jahrhundert fast völlig zurückgedrängt war, aber doch seit seinem Ursprung auf irgendeine Weise in diesem Raum anwesend ist.

Die weltweiten Herausforderungen treffen eine Kirche wie die im Maghreb doppelt schwer: die Globalisierung, der Islamismus, der Pluralismus. Die leitenden Gremien dieser Kirche stammen vorwiegend aus Europa (Nord), sie teilen aber das Los der afrikanischen Völker (Süd). Sie werden wahrgenommen als Vertreter des „Westens" mit seinen globalen Ansprüchen und rufen alte Vorstellungen von Kreuzzügen und Kolonialisierungen hervor. Sie verstehen unter Islamismus den politischen Islam, der einen Raum in Besitz nehmen will, ohne jemand anderen darauf zu dulden.

Der Pluralismus ist insofern spürbar, als die Kirche dort nicht mehr, wie bis in die Mitte des 20. Jahrhunderts, vorwiegend aus Franzosen bestand, sondern – wegen der „coopérants" (den ausländischen wirtschaftlichen, technischen und wissenschaftlichen Mitarbeitern am Aufbau der Länder) – nun aus vielen Nationen und Sprachen, ja Kirchen, gebildet ist.

Die Bischöfe des Maghreb lenken den Blick auf das Evangelium und die Anfänge der Kirche, die sich in einer ersten Phase in Palästina in dörflich-ländlichem Milieu abspielten. In einer weiten Etappe aber zer-streuten sie sich (der genaue Sinn von Dia-spora) in alle Welt, auf den großen Wirtschafts- und Militärrouten, in die Städte und Zentren hinein. Die Kirche des Maghreb durchlebt nun eine ähnliche Situation wie die Christen der Anfangszeit. Es ist eine völlig unbedeutende Stellung in einem großen Reich, arm und ohnmächtig. Sie ist wirklich „auf dem letzten Platz", wie ihn Charles de Foucauld beschrieb: in die Ecke gedrückt von einer intoleranten Minderheit innerhalb des Islam, nur ungenügend geschützt von einer ohnmächtigen Mehrheit bzw. von den Mächtigen (der Regierung), in den algerischen Medien kaum mehr präsent und wenn, dann meist negativ (früher konnten sie noch gelegentlich im Radio auftreten), sodass das in seiner überwältigenden Mehrheit an sich gutwillige Volk ein völlig verzerrtes Bild von Kirche bekommt. Pierre Claverie nutzte darum jede Gelegenheit, um im Ausland, vor allem in Frankreich, öffentlich aufzutreten, gerne auch im Fernsehen, um die Anliegen seiner Kirche in die Welt zu tragen. Es täte wohl den

Kirchen Europas und Nordamerikas gut, das Beispiel der Kirchen des Maghreb zu durchdenken und in die eigene Reflexion einzubeziehen. Wir müssen uns ja für eine Zeit rüsten, da die Gläubigen sich wieder zerstreuen, da ein paar weit voneinander entfernte Kirchengebäude für das kleine Häuflein genügen werden, da wir aber eine menschliche Qualität entwickeln müssen, mit der wir doch auf uns aufmerksam machen können, das heißt, nicht auf uns, sondern auf den, den wir bezeugen.

Vor einem solchen Hintergrund muten gewisse innerkirchliche Geplänkel, auch zwischen Gruppen von Gläubigen, oder manche Wellen, die vom Schifflein Petri im Vatikan ausgehen, das sich manchmal immer noch wie ein großer Ozeandampfer vorzukommen scheint, etwas unzeitgemäß an. Die Zisterzienser, mehr nach innen gerichtet, und Pierre Claverie, mehr nach außen gewandt, haben diese „arme" Kirche vorzuleben versucht. Man entdeckt plötzlich die „schwache" Philosophie (Gianni Vattimo), die nicht mehr so großzügig mit ihren Begriffen (mit einer „griffigen" Philosophie des Seins) die ganze Welt einfangen und beherrschen will, und begründet sie mit dem Abschnitt aus dem Philipperbrief:

> „Seid untereinander so gesinnt,
> wie es dem Leben in Jesus Christus entspricht:
> Er war Gott gleich,
> hielt aber nicht daran fest, wie Gott zu sein,
> sondern entäußerte sich
> und wurde wie ein Sklave und den Menschen gleich,
> sein Leben war das eines Menschen;
> er erniedrigte sich
> und war gehorsam bis zum Tod,
> bis zum Tod am Kreuz."
> (Philipper 2,5–8)

Diese Ent-äußerung, dieses Aus-sich-Heraustreten, diese „Zernichtung" (*annihilatio*), dieses Sich-Ausleeren könnte unsere Zukunft werden. Das sollte uns nicht Angst einjagen – bei aller berechtigten menschlichen Sorge: Auch hier haben uns die algerischen Christen gezeigt, und sie zeigen es weiter, dass auf die eben genannte Sätze andere folgen, in denen sich eine große Hoffnung ausdrückt:

„Darum hat ihn [= Jesus] Gott über alle erhöht,
und ihm den Namen gegeben, der größer ist als alle Namen,
damit alle im Himmel, auf der Erde und unter der Erde
ihre Knie beugen vor dem Namen Jesu
und jeder Mund bekennt:
‚Jesus Christus ist der Herr' – zur Ehre Gottes des Vaters."
(Philipper 2,9–11)

Nicht von ungefähr drängt sich heute das Bild einer „armen Philosophie" und einer „armen Theologie" auf. Der italienische Philosoph Gianni Vattimo (*1935) sieht die aristotelisch-thomistische Seins-Philosophie in Gefahr, zu einer Macht-Philosophie zu werden; denn was man griffig erkennt, beherrscht man auch. Aus ganz anderen Gründen spricht der in der arabischen Kultur bestens bewanderte Schweizer Priester Maurice Zundel (1897–1975) von der armen Dreifaltigkeit (Gott schenkt sich her), vom armen Christus (der sich in seine Sendung hineingibt und dafür stirbt), von der armen Kirche (die sich entleeren muss, um für die Gnadengabe bereit zu sein).

Man stellt sich auch die Frage, ob denn nur der Anspruch auf Wahrheit und ihr sicherer Besitz die Kirche auszeichnet, und nicht auch das ständige In-Frage-Stellen, eine Art „Säkularisierung", Verweltlichung, und zwar derart, dass nicht nur der Sichere, sondern auch der Zweifler und Grübler und bohrende Frager zu Recht seinen Platz haben darf. Man kann von einer notwendigen Dialektik zwischen den beiden Strängen reden, den „wahren" und den „falschen" Interpretationen, die beide auf der Suche bleiben müssen.

Das Paradox vom erniedrigten und erhöhten Christus ist in Algerien besonders lebendig; es gibt auch ein schönes bildliches Zeugnis, das es einprägsam vorzeigt: das „Auferstehungskreuz" von Tibhirine.

WIE DIE FLAMME

Wie die Flamme so nackt
ihre Nacht,
     TRAGE
        dein Kreuz –
im Schweigen,
     GIB
        dein Blut –

LIEBE bis an den äußersten Rand des
       FEUERS

(Comme la flamme)

Das Auferstehungskreuz von Tibhirine

Im Kloster von Tibhirine wurde ein altes Weinlager – isoliert im Hof stehend – mit einfachen Mitteln zur Kapelle umgestaltet. Der Prior wünschte die Kapelle so schlicht ausgestattet, dass auch Muslime sich darin einfinden konnten. Anstelle des alten Kruzifixes ließ er eine Kreuzigungsikone herstellen. Eine Einsiedlerin aus Südfrankreich malte sie auf seine Anweisungen hin: Der Blick Christi soll auf den Vater hingelenkt sein, und die Muttergottes soll nicht klagend unter dem Kreuz stehen, son-

Das Auferstehungskreuz von Tibhirine (Kopie)

dern das Magnifikat singend. Christus wird als Verherrlichter dargestellt, in einer lichtdurchstrahlten Tunika und in einem Überwurf von purpurner Farbe, die als königliche Farbe gilt. Maria hat die Hände als Betende hoch erhoben, Johannes steht in Trauer auf der anderen Seite. Die Nägel erscheinen als Quellen des Lichts, goldfarben, wie der Hintergrund des Kreuzes, als Symbol des göttlichen Lichtes. Das Kreuz ist in die Erde eingepflanzt. Als Inschrift trägt es in arabischer Sprache: „Er ist wahrhaft auferstanden."

Auch für den späteren Beter – hier also etwa den Leser – ist der persönliche Bezug zum Bild entscheidend: Visualisierung von Glaubensüberzeugungen, die im Gebet eingeübt werden und einen konkreten Bezug zu den Lebensumständen der Mönche von Tibhirine haben.

Die Malerin des Originals hat das Kreuz in den Berg Golgotha eingewurzelt, in dessen Höhle der Schädel Adams sichtbar wird: Die Schuld des Vorvaters ist mit dem Kreuz endgültig gesühnt, die Sünde der Menschen überwunden, der endgültige Sieg errungen. Von daher gesehen ist es durchaus richtig, Christus am Kreuz nicht als Leidenden darzustellen, sondern – wie schon in der Romanik – als Sieger, und die arabische Inschrift erläutert diese Interpretation aufs Glücklichste. Die Hand des Vaters erinnert an die Taufe Jesu und seine Verklärung auf dem Berg Tabor, wo beide Male die Stimme des Vaters erscholl und seinen Sohn benannte: „Das ist mein geliebter Sohn, an dem ich Gefallen gefunden habe; auf ihn sollt ihr hören" (Markus 9,7). Die Verklärung Jesu ist ja eine Vorausdeutung auf Kreuz und Auferstehung; damit sollte den Jüngern eine Hoffnung mitgegeben werden, dass sie angesichts des Scheiterns der Sendung Jesu nicht verzweifeln – die Auferstehung erst ist das endgültige Siegel seiner Reich-Gottes-Verkündigung. Der Umriss der Kreuzikone ist vom San-Damiano-Kreuz des hl. Franz von Assisi her bekannt, das seinerseits auf syrische Vorbilder zurückgeht. Dieses orientalische Kreuz ist also in Tibhirine durchaus an seinem Platz, wiederum in arabisch-islamischer Umgebung, es ist aber im Grunde an jedem Ort „am Platz". Johannes und Maria stehen durchaus richtig in der Haltung der Fürbittenden (Déesis) neben Christus; Fürbitte ist mit Hoffnung verknüpft und genügt sich selbst, es brauchen nicht noch weitere Bedeutungen den Personen übergestülpt zu werden.

Indem Christian de Chergé diese Kreuzikone malen ließ, ermöglichte er sich und seinen Mitbrüdern und allen Besuchern der Kapelle, in Gebet und Betrachtung das Geheimnis dieser Ikone zu ergründen und sich danach auszurichten. In der so richtig „bethaften", das heißt sich dem Gebet erschließenden, Hauskapelle, teils noch mit den alten gekachelten Wänden, teils mit Schilf ausgekleidet, konnte der Beter in einen Dialog mit dem auferstandenen Gekreuzigten eintreten und für sich selber die Gewissheit gewinnen, dass auch ihn das Kreuz in die Auferstehung führen werde, und dass Maria und Johannes für ihn eintreten vor Gott.

Die Kirche ist immer dann glaubhaft, wenn sie sich auf dem Kreuzweg zusammen mit ihrem Herrn befindet, und nicht dann, wenn sie sich zum Triumphzug rüstet und machtvoll einherschreitet. Das ist die Lektion der Kirche von Algerien für jede Ortskirche und für die Gesamtkirche unter der Oberaufsicht des Bischofs (Episkopos) von Rom.

Dokumente

Das Testament von Christian de Chergé

Wenn ein „Hin-zu-Gott" ins Gesichtsfeld tritt ...

Wenn es mir eines Tages widerführe – und das könnte heute sein –, Opfer des Terrorismus zu werden, der jetzt anscheinend alle in Algerien lebenden Fremden mit-betreffen will, so möchte ich, dass meine Gemeinschaft, meine Kirche, meine Familie sich daran erinnern, dass mein Leben Gott und diesem Lande HINGEGEBEN war.

Sie mögen innerlich zustimmen, dass der einzige Meister allen Lebens einem solchen brutalen Abschied nicht fremd sein kann.

Sie mögen beten für mich: Wie könnte ich sonst einer solchen Opferhingabe würdig sein? Sie mögen diesen Tod in die Reihe so vieler anderer ebenso gewalttätiger Tode einfügen, die in der Gleichgültigkeit der Anonymität bleiben. Mein Leben hat nicht mehr Wert als ein anderes. Allerdings auch nicht weniger. Jedenfalls hat es nicht mehr die Unschuld der Kindheit. Ich habe lange genug gelebt, um zu wissen, dass ich mitschuldig bin am Bösen, das, leider, in der Welt überhand zu nehmen scheint, selbst an jenem Bösen, das mich blind treffen könnte. Ich hätte gerne, wenn es soweit ist, eine kurze Frist der Hellsichtigkeit, die mir erlauben würde, das Verzeihen Gottes und das meiner Brüder in der Mitmenschlichkeit zu erbitten, und desgleichen auch, um von ganzem Herzen jenem zu verzeihen, der mich heimsuchen wird. Ich kann einen solchen Tod nicht herbeiwünschen. Es scheint mir wichtig, das offen zu bekennen.

Ich weiß wirklich nicht, wie ich mich daran freuen sollte, wenn dieses Volk, das ich so sehr liebe, einfach unterschiedslos meines Mordes angeschuldigt würde. Es wäre viel zu teuer bezahlt, das, was man vielleicht „Gnade des Martyriums" nennen wird, einem Algerier verdanken zu müssen, wer er auch sei, vor allem wenn er meint, in der Treue zu dem, was er Islam nennt, zu handeln.

Ich kenne die Verachtung, die man den Algeriern pauschal hat zuteil werden lassen. Ich kenne auch die Karikaturen des Islam, die ein gewisser Idealismus hervorbringt. Es ist allzu leicht, sich damit zu beruhigen, dass man diesen religiösen Weg mit der sturen Ideologie ihrer Extremisten identifiziert.

Algier und Islam, das ist für mich etwas ganz anderes, das ist wie Leib und Seele. Ich habe dies genügend offen verkündet, ich glaube, nach bestem Wissen und Gewissen, was ich von ihnen erhalten habe, was ich so oft darin wie eine Leitidee des Evangeliums vorgefunden habe, was ich auf den Knien meiner Mutter, der allerersten Kirche, gelernt habe, und zwar genau in Algerien, und damals schon in Ehrfurcht vor den gläubigen Muslimen.

Mein Tod könnte natürlich denen Recht geben, die mich allzu rasch für naiv und idealistisch gehalten haben: „Nun soll er doch sagen, was er davon denkt!" Aber diese sollen wissen, dass dann endlich meine quälendste Neugier gestillt sein wird.

Genau deshalb möchte ich, wenn es Gott so recht ist, meinen Blick in den Blick des Vaters versenken, um mit ihm seine Kinder im Islam zu betrachten, so, wie er sie sieht, ganz erleuchtet von der Herrlichkeit Christi, Frucht seines Leidens, erfüllt von der Gabe des Geistes, dessen geheime Freude es immer ist, Gemeinschaft zu schaffen und die Ähnlichkeit wiederherzustellen, indem er mit den Unterschieden spielt. Dieses Leben, ganz das meinige, und ganz das ihre, und nun verloren – ich danke Gott dafür, dass er es anscheinend ganz so gewollt hat, auf diese FREUDE hin, trotz allem. In dieses DANKE, worin letztlich alles gesagt ist über mein Leben, schließe ich natürlich euch alle ein, meine Freunde von gestern und heute, und euch, o Freunde von hier, zur Seite meiner Mutter und meines Vaters, meiner Schwestern und meiner Brüder, wie auch ihrer Schwestern und Brüder, das hundertfach Zubemessene, wie es versprochen war!

Und du auch, Freund der letzten Minute, der du nicht weißt, was du tust. Ja, auch für dich will ich dieses DANKE sagen und dieses „Zu-Gott-hin" annehmen, das du für mich ins Auge gefasst hast.

Möge es uns geschenkt sein, dass wir beiden Schächer uns im Paradies wiederfinden, wenn es Gott so recht ist, unserem gemeinsamen Vater.

Amen! Insch'Allâh!

Algier, 1. Dezember 1993
Tibhirine, 1. Januar 1994
Christian +

Bemerkungen: Bruder Christian ist ein Meister der französischen Sprache; manche seiner treffsicheren Formulierungen sind in keiner Übersetzung angemessen wiederzugeben. Der erste Satz lautet: „Quand un A-DIEU s'envisage ...", wörtlich: „Wenn ein „Zu-Gott" bzw. ein „Adieu" (Abschiedsgruss) ins Auge gefasst, in Betracht gezogen werden muss", aber in „envisager" steckt das französische Wort „visage", „Gesicht", „Antlitz", das bei Christian de Chergé eine ganz tiefe philosophisch-theologische Bedeutung hatte, vor allem auf den Spuren von Emmanuel Lévinas, dem jüdischen Philosophen (1907–1996). Dieser erste Satz kehrt am Schluss wieder, aber nun auf den möglichen Mörder bezogen, der dieses Adieu, diesen Abschied, ins Auge fasst und dem Gegenüber gewaltsam aufzwingt; und hier ist das Wort „en-visager" durch den Bindestrich in seine beiden Bestandteile zerlegt: „ins-Gesicht(sfeld)-ziehen". Der ganze Text, entworfen zu einer Zeit, da die Gefahr schon spürbar nahe war, und überarbeitet, nachdem die Terroristengruppe im Kloster eine warnende Visite abgestattet hatte, soll drei Punkte klären:

Erstens, Christian hat die Begegnung mit dem Islam freiwillig gewählt und will diesem Entschluss bis zum bitteren Ende treu bleiben.

Zweitens, er möchte nicht, dass die fanatische Tat Einzelner oder bestimmter Gruppen dem Islam als Ganzem angekreidet wird.

Drittens, er verzeiht allen Beteiligten, ja nicht nur das, er hofft, im Jenseits sich einmal wieder mit dem Mörder zu treffen, in der Liebe Gottes, die alle Menschen mit gleicher Barmherzigkeit umfasst; dort wird er endlich sehen und verstehen, welche Bedeutung der Islam in der Vorsehung Gottes hat.

Hier kehrt jener Grundgedanke wieder, den Friedrich Rückert mit seinem Gedicht ausgedrückt hat: Wir kennen den anderen am besten auf dem „Umweg" über Gott. Christians Meinung nach werden auch die gläubigen Muslime gerettet, weil sie von Christi Herrlichkeit umstrahlt und von des Geistes gemeinschaftsstiftender Gabe erfüllt sein werden. Dank und Freude sind die beiden Leitmotive, die den Text durchziehen; sie will er den künftigen Lesern weiter vermitteln. Das „inscha-allah" wird im Alltagsarabischen häufig abgeschwächt für „vielleicht" gebraucht, im starken Sinn heißt es jedoch „Gott gebe es; wenn Gott will".

Die christliche Feindesliebe als Höchstform der Nächstenliebe ist hier wohl in reinster Form verwirklicht. Der Feind heißt nicht einmal so, sondern Freund („Freund der letzten Minute"), weil ja offen steht, aus welchen Motiven er handelt und glaubt, so handeln zu müssen. Das Gebot Jesu wird hier nicht nur als asketischer Rat, sondern als sittliche Pflicht aufgefasst und in einem langen Prozess geläutert. Der Feind, genauer also der Freund, wird als Mit-Schächer bezeichnet, der wie alle anderen auf Jesu Verzeihen angewiesen ist. Das Versprechen Jesu an den reumütigen Schächer: „Heute noch wirst du mit mir im Paradiese sein", wird hier für den Mörder erbeten.

Dokumente

Briefauszüge von Bruder Luc

23. August 1992: Was wir tun, wird weiterdauern, wenn wir uns der gemeinsamen Aufgabe so widmen, als wäre sie eine ewige Aufgabe. Einfach das tun, was wir zu tun haben, in Liebe, als bereits auferstandener Mensch. Das Elend infiltriert ganz Algerien.
21. November 1992: Das Leben geht weiter in Unruhe und Verdrossenheit, ständig Attentate. Für mich neigt sich der Tag immer mehr. Ich fühle mich dem Abschied nahe. Wie der Reisende auf dem Bahnsteig warte ich auf das Signal, ohne Gepäck und mit leeren Händen, und vertraue ganz auf die Barmherzigkeit Gottes.
19. November 1993: In zwei Monaten werde ich 80 Jahre alt sein. Seit mehr als 47 Jahren bin ich in diesem Land, das ich liebe. Bevor der Herr mich zu sich ruft, bitte ich darum, der Frieden möge wieder einkehren. Doch momentan ist die Situation aussichtslos.
Dezember 1993: Ich bin alt und krank, aber jeden Tag fange ich neu an und mache weiter; ich habe stets viele Kranke und Arme. Meine Tätigkeit wickelt sich in einem schwierigen Kontext ab.
Januar 1994: Trotz des schwierigen Kontextes harren wir aus im Glauben und in der Liebe. Was kann uns passieren? Doch nur einfach, Gott zu sehen und in seine Zärtlichkeit eingehüllt zu werden. Der Herr ist der große Barmherzige und der große Vergeber.
April 1994: Hier herrschen Verwirrung und Gewalt. Wir sind in einer risikogesättigten Situation, aber wir (sieben Ordensleute) harren aus im Glauben und in der Liebe zu Gott. Ostern ist hinter uns, und nun sind wir wie die Jünger von Emmaus. Wir begleiten den Herrn auf dem Weg. Er zeigt uns den Weg; in Armut, Erfolgslosigkeit und Tod gehen wir auf Gott zu.
8. Juni 1994: Unsere Arbeitsbedingungen ändern sich nicht. Ich las kürzlich diesen Gedanken von Pascal: „Die Menschen wirken das Böse nie so vollständig und fröhlich wie dann, wenn sie es aus religiösen Gründen tun".

Juli 1994: Hier herrscht weiterhin Gewalt. Das Feuer wurde an die Wälder in den Bergen gegenüber unserem Kloster gelegt. Aber wir harren aus. Angst ist Mangel an Glauben. Der Glaube wandelt die Angst in Vertrauen. Wovor könnten wir Angst haben? Wir wissen, auf wen wir zugehen, auf den hin, der Liebe und Barmherzigkeit ist. Wir werden aufgrund unserer Liebe beurteilt.
21. August 1994: Hier verstärkt sich die Gewalt. Ich sehe keine Lösung für die Probleme.
18. September 1994: Christlich leben heißt nicht zuerst, über Gott zu schreiben, sondern das Antlitz Christi im Alltagsleben zu offenbaren, jeder auf seine Weise.
25. November 1994: Gewaltige, verwüstende Regengüsse haben die Gewalt nicht ausgelöscht, die überall eindringt. Zwei Parteien stehen sich gegenüber, die eine will die Macht behalten, die andere will sie nehmen. Sie bekämpfen sich mit dem Rücken zur Wand. Ich weiß nicht, wann und wie das enden soll. Derweil tue ich meine Pflicht: Arme und Kranke aufzunehmen. So warte ich auf den Tag und die Stunde, um die Augen zu schließen und ins Haus Gottes einzukehren, dessen Türe sich jedem öffnet, der anklopft, ohne dass er fürchten muss, unzeitig zu sein. Es geht nicht darum, zu sterben, sondern *nicht* zu sterben, indem man jeden Tag über den Tod triumphiert, indem man die Gegenwart Gottes in sich atmen lässt.
20. Dezember 1994: Je mehr ich lebe, desto mehr denke ich an Christus. In dieser Zeit und unter diesen Umständen verstehe ich ihn besser. Früher sah ich ihn in der Vergangenheit, jetzt ist Er da. So sehr wie durch diese Menschwerdung wurde nie ein Mensch verherrlicht.
15. Januar 1995: Am Abend meines Lebens bedaure ich nichts. Nur eine Traurigkeit, „dass ich kein Heiliger bin", wie Léon Bloy auf der letzten Seite seines Buches „La femme pauvre" („Die arme Frau") sagt. Hier herrscht dauernd Gewalt. Die Leute aus

Médéa kommen nicht, obwohl nur acht Kilometer entfernt, sie haben Angst. Nur die Armen und Kranken halten durch.

28. Mai 1995: Die Gewalt ist stets gleich. Ich sehe keine Lösung und keinen Ausweg für das Problem. Die Hitze ist gekommen und somit wird mir das Atmen noch beschwerlicher. Weil der Tod Begegnung mit Gott ist, kann er keinen Schrecken auslösen. Der Tod, das ist Gott.

7. Juli 1995: Ich komme mir vor wie ein Schiff, das bald in den Hafen einfahren wird, mit Gewalt oder in Ruhe, das weiß ich nicht. Die Rolle, die ich hier gespielt habe, war sehr unbedeutend, ich war der letzte der Bettler. Während 50 Jahren habe ich inmitten der Armen und der vom Leben Zerdrückten gelebt. Mein lieber Freund, bete für mich, dass mein Weggang von dieser Welt im Frieden und in der Freude Christi geschehe.

Anmerkung: Wer Bruder Luc nur von den Beschreibungen kennt, die man von ihm machte: still, brummig, kurz angebunden, manchmal von schwarzem Humor, der würde ihm diese tiefen Gedanken nicht zutrauen. Es schien mir wichtig, sie hier zu zitieren, um die Vielfalt und Tiefe der Mönche auch in diesen schlichten Briefstellen zu zeigen, die nichts tiefgründig Theologisches oder hochschwingend Mystisches an sich haben; sie wurden auch ganz spontan geschrieben, ohne dass der Verfasser je daran gedacht hätte, sie könnten veröffentlicht werden. Sie sind so intim wie ein Tagebuch, ein einsames Zwiegespräch zwischen ihm und dem Schöpfer, aber eben doch an einen Briefpartner gerichtet, also auch menschliche Kommunikation.

Dokumente

Das „Testament" von Mohamed Bouschiki
(Enthalten in einem Notizbuch, das man nach seinem Tod fand)

Im Namen Gottes, des Gütigen, des Barmherzigen. Bevor ich meinen Federhalter in die Hand nehme, sage ich euch: „Der Friede sei mit euch." Ich danke dem, der mein Erinnerungsheft lesen wird, und ich sage jedem von denen, die ich in meinem Leben kennengelernt habe, dass ich ihnen danke. Ich sage, sie werden von Gott am Jüngsten Tag belohnt werden. Ich sage Gott, der mir verzeihen wird, am Tage des Gerichts, und dem, dem ich vielleicht einmal weh getan habe, er möge mir verzeihen. Ich bitte den, der vielleicht aus meinem Mund ein böses Wort gehört hat, um Verzeihung, und ich bitte alle meine Freunde, mir zu verzeihen um meiner Jugend willen. Aber an diesem Tag, da ich euch schreibe, erinnere ich mich auch an das, was ich Gutes getan habe in meinem Leben. Möge Gott in seiner Allmacht es fügen, dass ich ihm ergeben sei, und dass er mir seine Barmherzigkeit erweise.

Anmerkung: Dieser Text aus dem Notizbuch war sorgfältig auf Arabisch verfasst worden, während die anderen Texte in einem nach dem Gehör (ohne Berücksichtigung der Orthographie) niedergeschriebenen Französisch eingetragen worden waren. Ein wenig mehr als 20 Jahre alter Muslim ist sich bewusst, dass auch er Opfer des Terrorismus werden kann. Im Hinblick darauf schreibt er, wie er aus dem Leben zu scheiden gedenkt: verzeihend und um Verzeihung bittend, zugleich allen den Frieden zusprechend (der arabische Gruß as-salamu aleikum ist so oder ähnlich auch bei uns bekannt). Die wichtigsten Begriffe des Islam scheinen hier auf: Gott der Allmächtige, der Gütige, der Barmherzige – die Ergebenheit ihm gegenüber – das Verzeihen – das Gericht am Jüngsten Tag. Dank und Verzeihen prägen auch das Testament von Christian de Chergé. Diese innere Verwandtschaft des Muslims und des Christen angesichts des möglichen, ja wahrscheinlichen Todes ist ein bedeutsames Zeugnis dafür, wie die Religionen – besser ihre Vertreter – zueinander finden können: vor Gott.

Vielfältige Menschheit
Von Pierre Claverie (1996)

Was ich hier vorlege, ist aus einer Erfahrung erwachsen. Ich bin kein Politiker. Ich bin in Algerien geboren und habe die Entwicklungen dieses Landes mitverfolgt, indem ich die Lebensweise von Millionen von Algeriern teile, die jetzt mitten in die bekannte Krise verwickelt sind. Ich habe den Eindruck, dass ich auf schmerzhafte Weise das erneut erlebe, was ich zu andern Zeiten schon erlebt habe. Ich habe meine Kindheit unter der kolonialen Glasglocke verbracht; nicht, dass es gar keine Beziehungen zwischen den beiden Welten gegeben hätte, beileibe nicht; aber in meinem sozialen Milieu habe ich unter einer Glasglocke gelebt, den anderen überhaupt nicht gekannt, ihn nur erfahren wie einen Bestandteil der Landschaft oder eine Verzierung, die wir in unsere kollektive Existenz eingepflanzt hatten.

Vielleicht, weil ich den anderen gar nicht gekannt oder seine Existenz verleugnet habe, ist er mir eines Tages ganz massiv vor Augen gekommen. Er hat mein geschlossenes Universum aufgesprengt, das in der Gewalt auseinandergefallen ist – aber konnte es denn anders kommen? –, und hat seine eigene Existenz bekräftigt.

Das Auftauchen des anderen, die Anerkennung des anderen, das Sich-an-den-anderen-Angleichen haben mir von nun an keine Ruhe mehr gelassen. Das ist wohl auch der Ursprung meiner Ordensberufung.

Ich habe mir die Frage gestellt, warum ich während meiner ganzen Kindheit, als Christ – nicht besser als die andern –, als Kirchgänger – wie die andern auch –, als Hörer von Predigten über die Nächstenliebe, nie gehört habe, dass der Araber mein Nächster sei. Vielleicht hat man es mir gesagt, aber ich habe es nicht gehört. Und da habe ich mir gesagt: von nun an keine Mauern, keine Grenzen, keine Bruchlinien mehr. Der andere muss da sein können, sonst setzen wir uns der Gewalt aus, dem Ausschluss, der Ablehnung.

Deshalb habe ich nach der Unabhängigkeit darum gebeten, nach Algerien zurückkehren zu dürfen, um jene Welt wieder neu zu entdecken, in der ich geboren war, die ich aber verkannt hatte. Genau da hat mein wahres persönliches Abenteuer begonnen – eine Wiedergeburt. Den andern entdecken, mit dem andern leben, sich durch den andern formen zu lassen, das bedeutet nicht, die eigene Identität zu verlieren, die eigenen Werte abzuweisen, das bedeutet, sich eine vielfältige, nicht ausschließende Menschheit zu ersinnen.

Die Entwicklung in Algerien ging seit der Unabhängigkeit genau in der Gegenrichtung dessen, was ich geträumt hatte. In politischer und religiöser Hinsicht haben sich in den dreißig Jahren seit der Unabhängigkeit eigentliche „Front"-Reflexe entwickelt, also Reflexe der Ausschließung; politisch ist man entweder diesseits der Front oder man existiert nicht. Aber auch religiös entwickelte sich eine parallele Denkweise und unterstützte die politische Macht. Und so galt auch religiös: Entweder ist man drin und existiert, oder man ist draußen und existiert bestenfalls als geduldeter Gast, aber nicht wirklich als Glied der Gesellschaft.

Diese Redeweise, die man heute hört, unterstützt von der Gewalt der Waffen, ist nicht neu in Algerien. Es gibt da eine Kultur der Gewalt, die in allen Völkern vorkommt, die aber in den zivilisierten Gesellschaften mehr oder weniger geregelt ist.

Es ist paradox, das zu sagen, denn kaum irgendwo spürt man die Wärme der Gastfreundschaft so sehr wie im Maghreb, in Algerien, Tunesien, Marokko. Alle, die diese Länder besucht und dort einige Jahre ihres Lebens verbracht haben, sind beeindruckt davon, wie man da aufgenommen wird. Das ist eine menschliche Gesellschaft, die noch diese spürbare personale Gegenwart kennt, die man manchmal in Europa bedauerlicherweise nicht mehr vorfindet. Das stimmt, wenn man nur vorübergehend hier ist. Wenn man aber ganz in der Welt des Maghreb lebt, dann wird alles viel komplexer. Es gibt da in der Tat eine Gesellschaft mit ihrer traditionellen Religion, meist in der Form von Bruderschaften: ein eingewurzelter, bodenständiger Islam, in dem noch vorislamische Handlungsweisen, Ideen und Begriffe fortleben. Diese Gesellschaft mit diesem Islam bleibt in der Tat eine gastfreundliche und friedliche Gesellschaft; in seiner Mehrheit lebt das algerische Volk noch diesen Islam.

Gleichzeitig hat der orthodoxe (reformistische) Islam dazu beigetragen, den traditionellen volkstümlichen Islam zu entwurzeln und zu ideologisieren. Das geschieht gewiss, um das muslimische Volk gegen die Agressoren und die fremden Einflüsse zu mobilisieren, die nur allzu real sind. Aber dieser Islam wurde fortlaufend in ein von den bestimmenden Mächten manipuliertes Instrument umgeformt, zum Kampf gegen den traditionellen, bruderschaftlichen Islam. Es erstaunt darum nicht, dass dieser Islam, seiner tiefen – zugleich menschlichen und geistlichen – Werte beraubt, ein politischer Faktor geworden und zu einem Instrument der Gewalt umgeformt worden ist. Und diese Gewalt pflanzt sich nicht aus religiösen Gründen fort; sie versucht sich nur religiös zu rechtfertigen.

Von all diesen schrecklichen Bildern, die am Fernsehen verbreitet wurden, hat eines Algerien ganz besonders gezeichnet. Sogar die Kinder sprechen davon und spielen es nach. Es handelt sich um einen Imam, der von diesen bewaffneten Gruppen entführt worden war, die dringend der *fatwa*, das heißt juristischer Beratungen bedurften, um ihre Operationen rechtfertigen zu können. Total durcheinandergebracht durch das, was er in den entlegenen Wäldern sah und in seinem Gewissen nicht mehr rechtfertigen konnte, entschloss er sich schließlich, sich auf die Seite der Partisanen zu schlagen. Sofort wurde das ausgenützt; der Imam wurde vor das Fernsehen geschleppt, wo er ganz außer sich erklärte: „Seht nur, so weit sind wir gekommen, nun müssen wir die Kehlen durchschneiden, das ist das Gericht Gottes, das ist das Gesetz Gottes." Es ist natürlich übertrieben zu sagen, das sei das Gericht Gottes, das Gesetz Gottes. Aber diese religiöse Redeweise ist nur der Endpunkt einer Ideologisierung der Religion. Was wir gegenwärtig erleben, ist der Endpunkt einer Entwicklung, die nicht gestern angefangen hat und die schrittweise dazu beigetragen hat, eine Kultur der Ausschließung und der Gewalt zu erzeugen.

Ein Abgrund tut sich auf zwischen jenen, die sich in diese Kultur des Ausschlusses haben einschließen lassen und den andern, die andere Informationen kennen oder andere Entwicklungen durchgemacht haben und die dieser Abschottung, diesem Sich-Einschließen zu widerstehen versuchen. Tiefschürfende Fragen stellen sich im Innern der muslimischen Welt Algeriens, wie sie vorher nie gestellt worden waren. Paradoxerweise ist diese Krise, die aus einer Selbstverschließung hervorgeht, auch der erste Schritt in eine Gegenwartsgeschichte Algeriens. Die Religion ist ganz eng an die Identität gebunden; Algerier sein und Muslim sein, das ist selbstverständlich und wirft keine Frage auf. Man hat es durchaus zugelassen, dass Fremde, Europäer oder andere ebenfalls Algerier werden. Aber sie sind es auf etwas besondere Weise, man ist nie ganz Algerier, wenn man nicht wirklich Muslim ist. Die Identität ist also an die Religion gebunden.

Heute nun, da man eben noch ganz friedlich Muslim war – das gehörte zur Kultur, zur Persönlichkeit, zur historischen Entwicklung –, kommen plötzlich Leute daher und sagen: Ihr seid schlechte Muslime, ihr seid nie wirklich Muslime gewesen! Im Namen dieses ideologischen Islam werden die Personen, die Gruppen infrage gestellt: Was ist dann also der Islam? Gibt es verschiedene Sorten von Islam? Man wird sich dessen bewusst, dass es viele mögliche Interpretationen gibt, annehmbare und unannehmbare, rechtgläubige oder nicht, aber die jedenfalls existieren und sich bisweilen aufdrängen. Diese Frage ist nicht nur eine intellektuelle, die man in den Schulen behandelt, sie betrifft ganz tief die eigene Identität: Wer bin ich jetzt? In welcher Gruppe finde ich meine Identität? Weil es sich genau darum handelt, muss man sich nun seine Geschichte aneignen, und das gilt sowohl für die Islamisten, die sich im Gebirge in bewaffneten Gruppen zusammentun, wie für jene, die dieser Form des Islam widerstehen. Man muss sich selbst seine Identität aneignen.

Diese Fragen konfrontieren die Algerier nicht mehr mit ihrer Gruppe (denn es gibt viele Gruppen), sondern mit ihrem persönlichen Urteil. Man muss eine Wahl treffen: Einige ziehen in die Berge, andere unterstützen die Regierung, wieder andere sind Demokraten. Die persönliche Wahl ist jetzt unumgänglich, und das bedeutet, meiner Meinung nach, für die algerische Gesellschaft den Anfang dessen, was Mohamed Talbi die „Modernität" nennt, das Auftauchen des Individuums. Man kann sich nicht mehr damit begnügen, einer Gruppe anzugehören und seine persönliche Identität mit dieser Gruppe zu identifizieren, weil die Gruppe selbst auseinanderfällt. Man muss also wählen, und so taucht ein neues Ereignis auf, vielleicht eine neue Art, miteinander zu leben.

In dieser Erfahrung des Eingeschlossenseins, dann der Krise und des Auftauchens des Individuums, komme ich zur persönlichen Überzeugung, dass es nur mehr eine vielfältige Menschheit geben kann; wenn wir also behaupten – in der katholischen Kirche haben wir im Verlauf der Geschichte die traurige Erfahrung davon gemacht – die Wahrheit zu besitzen oder im Namen der Menschheit zu reden, verfallen wir in den Totalitarismus und den Ausschluss. Niemand besitzt die Wahrheit, jeder sucht sie. Es gibt gewiss objektive Wahrheiten, aber diese überragen uns alle, und man kommt ihnen näher nur auf einem langen Weg, indem man langsam diese Wahrheit neu zusammenfügt, im Blick auf die anderen Kulturen, auf andere Arten der Menschheit, auf das, was die anderen errungen haben, was sie gesucht haben auf ihrem eigenen Weg zur Wahrheit. Ich bin ein glaubender Mensch, ich glaube, dass es einen Gott gibt, aber ich beanspruche nicht, diesen Gott zu besitzen, weder durch Jesus, der ihn mir offenbart, noch durch die Dogmen meines Glaubens. Man besitzt Gott nicht. Man besitzt die Wahrheit nicht, und ich brauche die Wahrheiten der anderen. Das ist die Erfahrung, die ich heute mit Tausenden von Algeriern mache, mit denen ich meine Existenz und die Fragen teile, die wir uns alle stellen.

Man spricht von Toleranz. Ich meine, das sei das Minimum; ich habe das Wort nicht so gern, denn Toleranz setzt voraus, dass es einen Sieger und einen Besiegten gibt, einen Herrscher und einen Beherrschten, und dass der, der die Macht innehat, toleriert, dass der andere existiert. Man kann natürlich dem Wort einen anderen Sinn geben, aber ich habe zu viel Erfahrung darin, was es in der muslimischen Gesellschaft bedeutet, in dieser herablassenden Deutung, um es wirklich aufnehmen zu wollen. Sicher, Toleranz ist besser als Zurückweisung, Ausschluss, Gewalt, aber ich ziehe es vor, von Ehrfurcht vor dem andern zu reden. Wenn man in der algerischen Krise – nach dem Durchgang durch die Gewalt und die tiefen Brüche innerhalb der Gesellschaft, aber auch der Religion und der Identität – dazu käme, zuzugeben, dass der andere ein Recht auf Existenz hat, dass er eine Wahrheit vertritt und dass er achtbar ist, dann hätten uns die Gefahren, denen wir ausgesetzt sind, nicht vergeblich heimgesucht.

Anmerkung: Dieser Text gilt mit Recht als einer der wichtigsten von Bischof Pierre Claverie. Er spricht nicht einem Pluralismus der Religionen das Wort, in dem alle gleich gültig und somit wohl auch gleichgültig wären. Wohl aber hat jede Religion Werte, von denen jede andere Religion lernen kann. Folgenreich auch die Aussage, er besitze die Wahrheit nicht; doch sagte schon das Mittelalter: „Erkänntest du Gott, so wäre es nicht Gott" (Si comprehenderis Deum, non est Deus). Von Gott und von der Wahrheit kann man nur in einer negativen oder apophatischen Theologie reden: Man kann eher sagen, was er (sie) nicht ist, als was er (sie) ist. Außer dem Zugang zu Gott auf dem Wege der Wahrheit gibt es auch den Zugang auf dem Wege des Gebetes (des Lobens und Preisens, des Bittens, des Verehrens) und auf dem Wege der Nächstenliebe, der Hingabe an den anderen. Weil der erste Weg häufig zwischen den Religionen nicht verhandelbar ist, sollte man sich umso mehr bemühen, sich auf den beiden anderen näher zu kommen. Wer je einmal Gebete anderer Religionen kennengelernt hat, kann nur erstaunt sein, wie Gott sich geoffenbart hat, sodass man ihn auf diese und jene Weise verehren kann. Hier sei nicht einer Vermischung der Gebetsweisen das Wort geredet. Gerade die „Liturgie", das Werk Gottes am Volk und das Werk des Volkes vor Gott, bedarf sorgsamer Pflege in der je eigenen Religion oder Kirche. Und wo wären die Grenzen gemeinsamer Sorge für das Gemeinwohl? Im Übrigen wird es gut sein, alle bekannten Texte von Pierre Claverie zu lesen, bevor man sich ein Urteil über diesen einen macht. Keiner wird dann noch den leisesten Schimmer des Zweifels hegen können, Pierre Claverie sei nicht überzeugter Katholik gewesen; das wussten alle seine Bekannten und Mitarbeiter – und auch die Muslime; und sie schätzten diese Klarheit auch. Sein Gebetsleben, gerade auch das in die Tradition der Kirche eingebundene (die hl. Messe, das Stundengebet), bezeugen es zur Genüge.

Die Opfer des islamistischen Terrorismus in Algerien

Soweit aus der Literatur ersichtlich ist, kann man von folgenden Zahlen ausgehen: Circa 150 000 muslimische Algerier wurden getötet; für ihre Ermordung kann man keinen Grund ausmachen. Etwa 150 Ausländer wurden einfach deswegen ermordet, weil sie Fremde waren (die kroatischen Gastarbeiter wohl – wie gesagt – als Rache für getötete Muslime im Balkankrieg). Sodann wurden, soweit bekannt, 19 Christen um ihres Glaubens willen umgebracht; sie seien hier namentlich (nach dem Zeitpunkt ihrer Ermordung) genannt:

18. Mai 1994: Henri Vergès (Priester, Marist, 64 Jahre alt) und Sr. Paul-Hélène Saint-Raymond (Kleine Schwester von Mariae Himmelfahrt, 67) in der Bibliothek der Ben-Cheneb-Strasse in Algier; beide französischer Herkunft.

23. Oktober 1994: Sr. Esther Paniagua und Sr. Caridad Maria Alvarez (spanische Augustinerinnen) auf dem Weg zur hl. Messe im Quartier Bab el-Oued in Algier.

27. Dezember 1994: Vier Weiße Väter in Tizi Ousou: die drei Franzosen Alain Dieulangard (75 Jahre), Jean Chevillard (69) und Christian Chessel (36) sowie Charles Decker (70), ein Belgier, der an diesem Tag zufällig auf Besuch war.

3. September 1995: Kleine Schwestern von Unserer Lieben Frau der Apostel im Belcourt-Quartier von Algier: Sr. Bibiane (Denise) Leclerc (Französin, 65) und Sr. Angèle-Mary (Jeanne) Littlejohn (in Tunis geboren von maltesischen Eltern, 62) auf der Rückkehr von der hl. Messe.

10. November 1995: In Kouba (Bannmeile von Algier) Sr. Odette Prévost (Kleine Schwester vom Herzen Jesu, auf Charles de Foucauld zurückgehend, 63) auf der Rückkehr von der hl. Messe; ihre Mitschwester Chantal wurde schwer verletzt.

27. März 1996: Entführung von sieben Trappistenmönchen aus Tibhirine; am 21. Mai werden sie ermordet: Prior Christian de Chergé (63), Luc [Paul] Dochier (82), Bruno [Christian] Lemarchand (66), Célestin Ringeard (63), Paul Favre-Miville (57), Michel Fleury (52), Christoph Lebreton (46).

1. August 1996: Pierre Claverie (58), aus dem Dominikanerorden, Bischof von Oran, zusammen mit seinem muslimischen Chauffeur Mohamed Bouchiki (22).

Ausgewählte Schriften

Die Anzahl der Schriften über Algerien, seine Christen und v. a. über die Ereignisse, die zur Unabhängigkeit führten und dann einige Jahre des Terrors über das Land brachten, ist unermesslich, insbesondere auf Französisch, aber mehr und mehr auch in anderen Sprachen.
Seit 2009 haben sich die Rechtsnachfolger der Mönche von Tibhirine zusammengetan und eine gemeinsame Herausgabe aller nachgelassenen Schriften beschlossen: *Editions de Bellefontaine, Abbaye Sainte-Marie du Mont, F-59270 Godewaersvelde, France – éditions.bellefontaine@orange.fr* – Sie geben in einer Reihe „Collection Tibhirine" (aufgeteilt in „Tibhirine – Présence" und „Tibhirine – Parole") Kapitelansprachen sowie Predigten (Homelien) des Priors Christian de Chergé heraus, weiterhin Predigten von Frère Christophe Lebreton, schließlich die Dissertation: *Marie-Dominique Minassian, Frère Christophe Lebreton, moine de Tibhirine. De l'enfant bien-aimé à l'homme tout donné* (Vom geliebten Kind zum ganz verschenkten Mann), *Ed. de la Bellefontaine 2009* (= Sammlung Tibhirine, Série Présence); der 2. Teil wird demnächst erscheinen.

Das wichtigste und umfassendste Buch ist:
– *John Kiser, Passion pour l'Algérie. Les moines de Tibhirine. L'enquête d'un historien américain. Traduit de l'américain par Henry Quinson. Editions revue, corrigée et mise à jour* (= Leidenschaft für Algerien. Die Mönche von Tibhirine. Die Nachforschungen eines amerikanischen Historikers. Aus dem Amerikanischen übersetzt von H. Q. Durchgesehene, korrigierte und aktualisierte Auflage), *Montrouge (Frankreich): Nouvelle Cité 2006, 478 Seiten.* – Die deutsche Übersetzung im Ansata Verlag, Interlaken/Schweiz aus dem Jahre 2002 basiert auf der ersten Auflage und ist überholt.

Ausgewählte Schriften

An neueren Schriften sind zu erwähnen:

– *Christophe Henning, Petite vie des moines de Tibhirine* (Kleines Leben der Mönche von Tibhirine), *Desclée de Brouwer 2006.*
– *Henry Quinson, Prier 15 jours avec Christophe Lebreton, moine, poète, martyr à Tibhirine* (Zwei Wochen beten mit Chr. L., Mönch, Dichter, Martyrer in T.), *Nouvelle Cité 2007.*
– *Jean-Marie Lassausse et Christophe Henning, Le jardinier de Tibhirine* (Der Gärtner von T.), *Paris: Bayard 2010.*

Und schließlich das Werk eines in der arabischen Welt sehr bekannten Soziologen und Reporters:
– *Mohamed Balhi, Tibhirine, l'enlèvement des moines* (T., die Entführung der Mönche), *Editions Dar El Farabi, Libanon 2002.*

Sodann aus früheren Jahren:

– *Bruno Chenu (Hg.), Sept vies pour Dieu et l'Algérie* (Sieben Leben für Gott und Algerien), *Paris: Bayard/Centurion 1996, 256 Seiten.*
– *Christian de Chergé, Prieur de Tibhirine, L'invincible espérance* (Die unbesiegbare Hoffnung), *Paris: Bayard/Centurion 1997, 318 Seiten.*
– *Le souffle du don* (Der Atem der Gabe). *Journal de frère Christophe, Moine de Tibhirine* (Tagebuch von Frère Christoph, Mönch von Tibhirine), *8. August 1993–19. März 1996, 2. Auflage 1997, 208 Seiten.*
– *Frère Christophe, Moine-Martyre de Tibhirine, Aime jusqu'au bout du feu* (Liebe bis zum äußersten Rand des Feuers). *Annecy: Monte-Christo 1997, 192 Seiten.*
– *Pierre Claverie, Lettres et messages d'Algérie* (Briefe und Botschaften aus Algerien), *4. durchgesehene und erweiterte Ausgabe, Paris: Karthala 1996. Vorwort von Vincent Cosmao OP.*
– *Mireille Duteil, Les martyrs de Tibhirine, Paris: Brépols 1996, 210 Seiten, 14 Farbfotos.*
– *Robert Masson, Jusqu'au bout de la nuit. L'Eglise d'Algérie* (Bis zum äußersten Ende der Nacht. Die Kirche Algeriens), *Paris: Cerf/ St. Maurice: Saint-Augustin 1998, 256 Seiten.*

– *Robert Masson, Tibhirine. Les veilleurs de l'Atlas* (Die Turmwächter am Atlas-Gebirge), *Paris: Cerf/St. Maurice: Saint-Augustin 1997, 256 Seiten.*
– *Jean-Jacques Pérennès, Pierre Claverie. Un Algérien par alliance* (P. C. Ein Algerier durch Verschwägerung), *Paris: Cerf 2000, 400 Seiten.*
– *Marie-Christine Ray, Christian de Chergé, Prieur de Tibhirine, Paris: Bayard/ Le Centurion 1998, 228 Seiten.*

Stellennachweise

Um der Lesbarkeit willen wurde auf den Nachweis von Zitaten im Text verzichtet. Die eingestreuten Gedichte und die Texte im dokumentarischen Anhang finden sich in folgenden Originalausgaben:

– *Gedichte* von Frère Christoph in: *Aime jusqu'au bout du feu*; sein *Testament* in: *Robert Masson, Tibhirine, S. 74.*
– *Das Testament von Christian de Chergé* findet sich in vielen der genannten Bücher, u. a. in: *Sept vies pour Dieu et l'Algérie, S. 210–212.*
– Die *Briefauszüge von Bruder Luc* in: *Robert Masson, Jusqu'au bout de la nuit, S. 172–175.*
– Das „*Testament*" von Mohamed Bouschiki ist enthalten in: *Vie spirituelle, Nr. 721, S. 573.*
– Der Vortrag „*Vielfältige Menschheit*" von Bischof Pierre Claverie ist u. a. abgedruckt in: *Jean-Jacques Pérennès, Pierre Claverie, S. 387–391.*

Der auf S. 119 erwähnte Satz von M. de Certeau wurde von Luce Giard, der Herausgeberin des Buches *GlaubensSchwachheit* (deutsch 2009, französisch *La faiblesse de croire*, 1987/2003), in ihrer Einleitung zitiert.

Bildnachweis

S. 35: *Robert Masson, Tibhirine. Les veilleurs de l'Atlas*, S. 128a.
S. 34, 48: *7 vies données pour Dieu et pour leurs frères en Algérie* (Faltblatt mit Lebensbeschreibungen der sieben Mönche).
S. 53: *Jean-Jacques Pérennès, Pierre Claverie. Un Algérien par alliance*, Cover und Abb. 20.
S. 97: Reproduktion einer Kopie des Auferstehungskreuzes in Tibhirine, gefertigt im herkömmlichen byzantinischen Malstil (aus der Schule von P. Egon Sendler SJ, Paris-Meudon).

Zum Schluss

Die Mönche von Tibhirine, auch der Bischof von Oran, alle Bischöfe, Ordensoberen und viele andere Christen in Algerien stellten sich die Frage: Wozu bleiben? Nach langen Überlegungen haben sie sich entschieden auszuharren.

Es war ein Ringen und Fragen aus der Schwäche heraus. Heute, bald fünfzehn Jahre danach, wird man sagen können, es war eine Schwäche, in der sich – um es in Anlehnung an die Korintherbriefe des Paulus zu sagen – Gottes Stärke unübersehbar gezeigt hat. Vergleichbare Stellen finden sich im Philipperbrief über die „Entleerung" Gottes in Jesus Christus, aber auch beim schon erwähnten italienischen Philosophen Gianni Vattimo. Man wird an den Ruf Jesu am Kreuz erinnert: „Mein Gott, mein Gott, warum hast du mich verlassen?" – ein Ruf aus jener bodenlosen Tiefe der Gottverlassenheit heraus, die an die Nähe Gottes grenzt, den er ja anruft.

Die Situation der Kirche(n) hat sich in der Moderne tiefgreifend verändert. Heute stellt uns eine globalisierte Welt mit ihrem Neben- und oft Gegeneinander von Kulturen und Religionen vor ganz neue Herausforderungen. Keine Frage: Dialog und Begegnung sind Schlüsselwörter – der Gegenwart und mehr noch der Zukunft. Aber werden wir dazu nicht *neue* Zeugen brauchen: Menschen in den Spuren des „schwachen Christus"? In diesem Zusammenhang sei ein Wort von Michel de Certeau zitiert, das genau auf die in Algerien ausharrenden Christen passt:

„Ein Leben ist nicht dazu da, einen Ertrag abzuwerfen
und im Tresor einer ewigen Bank gelagert zu werden,
sondern im Gegenteil dazu, riskiert, hingegeben, verloren
und gleichzeitig in Dienst gestellt zu werden."

Aus unserem Verlagsprogramm

Christian Salenson
DEN BRUNNEN TIEFER GRABEN
Meditieren mit Christian de Chergé, Prior der Mönche von Tibhirine

120 Seiten, kartoniert, ISBN 978-3-87996-910-4

Dieses Buch führt zu den Quellen, aus denen Christian de Chergé (1937–1996) geschöpft hat. Eine packende, unverbrauchte Spiritualität tut sich auf; viele Begriffe gewinnen einen neuen Gehalt: Beten, Zeugnis, Kreuz, Liebe ...
Das Buch macht Lust, »den eigenen Brunnen tiefer zu graben« und das »Wasser Gottes« zu suchen, aus dem Menschen aller Religionen schöpfen können. Ein facettenreicher, überraschender Blick auf den Kern des Glaubens, mehr noch: des Menschseins.
Die Texte wurden ausgewählt und kommentiert von Christian Salenson, Direktor und Dozent am *Institut de Sciences et Théologie des Religions* in Marseille. Einer seiner Forschungsschwerpunkte sind Werk und Theologie von Christian de Chergé.

Johannes Paul II.
VERSÖHNUNG ZWISCHEN DEN WELTEN
Im Gespräch mit den Religionen
Hg. und eingeleitet von Matthias Kopp

232 Seiten, gebunden, ISBN 978-3-87996-590-8

Die Akzente, die Papst Johannes Paul II. im Dialog zwischen den Religionen gesetzt hat, waren bahnbrechend. Dieses Buch dokumentiert die wichtigen Reden und Ansprachen vor Juden, Muslimen, Anhängern der asiatischen Religionen sowie das Gebetstreffen für den Frieden in Assisi.

Mehr unter: www.neuestadt.com